40 Zhou Tongbu Taijiao Fang'an

40周同步
胎教方案

管　睿◎主编

吉林出版集团
Jilin Publishing Group

吉林科学技术出版社
JILIN SCIENCE & TECHNOLOGY PUBLISHING HOUSE

图书在版编目（ＣＩＰ）数据

40 周同步胎教方案 / 管睿主编． -- 长春：吉林科
学技术出版社，2013.5
ISBN 978-7-5384-6577-8

Ⅰ．①4… Ⅱ．①管… Ⅲ．①胎教—基本知识 Ⅳ.
① G61

中国版本图书馆 CIP 数据核字 (2013) 第 065666 号

同步胎教方案
Tongbu Taijiao Fang'an

主　　编	管　睿
出 版 人	李　梁
责任编辑	许晶刚　端金香　冯　越
模　　特	于　洋　张莹楠　小　静　赵　丽　陈　悦　于　娜　陈园园
封面设计	长春市一行平面设计有限公司
制　　版	长春市一行平面设计有限公司
开　　本	880mm×1230mm　1/20
字　　数	250千字
印　　张	14
印　　数	1—10000册
版　　次	2013年6月第1版
印　　次	2013年6月第1次印刷

....

出　　版	吉林出版集团 吉林科学技术出版社
发　　行	吉林科学技术出版社
地　　址	长春市人民大街4646号
邮　　编	130021
发行部电话/传真	0431-85635177　85651759　85651628 85677817　85600611　85670016
储运部电话	0431-84612872
编辑部电话	0431-85635186
网　　址	www.jlstp.net
印　　刷	长春新华印刷集团有限公司

....

书　　号	ISBN 978-7-5384-6577-8
定　　价	39.90元

如有印装质量问题　可寄出版社调换

前言

Qianyan

　　胎教并不是教导胎儿学习算术、语文，而是指导孕妈妈在怀孕期间保持稳定的身心状态，降低胎儿的压力，这是胎教的精髓所在。

　　人类在胎儿时期就会与母亲合为一体，母亲的心会影响胎儿，母体的作用也会影响胎儿。这就是说，母亲与胎儿不仅肉体是一体的，思维也是一体的，正因为母子的思维一体性，才为胎教提供了可能。生命一旦存在，就会出现成长的欲望，母亲只有用胎教来耐心地浇灌，这种欲望的成长才会丰富多彩。因此孕妈妈自怀孕后就应该调整自己的情绪、思维，尽量使身心处于轻松、愉快的状态。虽然孕妈妈无法感受到胎儿的要求，但是也要不断地学习孕育的知识，使胎儿吸收你的正能量，唤醒他的大脑。

　　本书就是一本为孕妈妈量身打造的胎教书，营养胎教、语言胎教、音乐胎教、美学胎教、趣味胎教，每一种胎教都精心地为孕妈妈准备了可以具体操作的内容，和胎儿一起，在快乐的情绪下享受孕育的幸福……

 # 目录

第一章 孕一月
"幸孕"来临

第二章 孕二月
早孕反应来报道

目录

第三章 孕三月
胎儿初具人形

目录

第四章 孕四月
进入舒适的孕中期

目录

第五章　孕五月
大肚子凸起来了

目录

第六章　孕六月
感受到胎儿的存在

 # 目录

194　第二十八周：胎儿大脑迅速发育

第八章　孕八月
孕晚期不适来袭

202　第二十九周：胎儿越来越"淘气"

目录

第九章 孕九月
进入分娩准备期

目录

目录

第一章

孕一月 "幸孕" 来临

第一周：开启 10月孕程

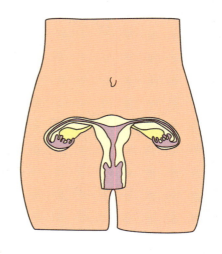

优生 现代社会，越来越多的人讲究优生，优生即在怀孕之前做一系列有利于孕育健康胎儿的准备。

做好身体保养

培养最优质的精子

精子从产生到成熟大约需要3个月的时间，所以准爸爸至少要提前3个月保护精子的优质生长，尽量避免接触高温环境，如蒸汽浴室、汗蒸房，不将笔记本电脑放在膝盖上，不将手机放在裤子兜里。不穿紧身裤子，不长时间骑自行车。男性的体重也不能过重，太胖会增加腹股沟的温度，不利于精子的存活。

锌元素可以增加精子的活力，对精子的成熟和活动具有促进的作用。可以通过食物摄取锌元素，如瘦肉、动物肝脏、蛋、乳制品、花生、芝麻、紫菜、海带、虾、海鱼、荔枝、栗子、瓜子、杏仁、芹菜、番茄等。

·小贴士·

精神压力过大不利于精子的成长，当准爸爸感觉精神压力大的时候，可以做一些能够使自己放松的事情，如散步、听音乐、读书等。需要注意的是，受孕之前，夫妻性生活不可以过度，准爸爸需要节制性欲，也不要频繁手淫。

培养最优质的卵子

卵子的质量与女性的身体和精神状态有着密切的关系。女性如果月经正常、身体健康、体重适当、心情愉悦，卵子就会拥有一个良好的环境，卵子的质量也会相对较高。

另外，合理的营养膳食对提高卵子的质量也有助益。在日常饮食中增加蛋白质、脂肪的摄入量，并多吃一些富含维生素的食物。

食物	作用
黑豆	可以补充雌激素，帮助子宫内膜和卵泡生长。将若干黑豆用清水浸泡12小时左右，然后用清水煮至熟透，可少放一点盐。从月经结束后第一天起，每天吃47颗，连吃6天。排卵期停止吃
枸杞、红枣	可以促进卵泡的发育。直接用枸杞、红枣冲水，每天食用枸杞10粒、红枣3～5个

胎教前奏曲

预习胎教形式

胎教内容	孕1月	孕2月	孕3月	孕4月	孕5月	孕6月	孕7月	孕8月	孕9月	孕10月
营养胎教	▲■●	▲■●	▲■●	▲■●	▲■●	▲■●	▲■●	▲■●	▲■●	▲■●
语言胎教				▲■●	▲■●	▲■●	▲■●	▲■●	▲■●	▲■●
运动胎教	●	●	●	●	■	●	●	■	■	■
音乐胎教		●	●	●	●	●	●	●	●	●
美学胎教			■●	●	●	●	●	■	■	■
联想胎教					●	●	●	●	●	●
光照胎教							●	■	■	■

注：▲早晨起床后　■早9点~晚6点　●晚上

营养胎教

孕妈妈摄取适宜而平衡的营养对胎儿的健康发育非常重要。得到充足营养的胎儿，出生后体格健壮、智商高。

语言胎教

孕妈妈温柔的声音、准爸爸低沉的声音，都是胎儿的最爱。所以经常与胎儿对话，让胎儿感受到生动的语言胎教。

运动胎教

适时、适当的体育锻炼可以促进胎儿大脑及肌肉的健康发育。

音乐胎教

通过健康的音乐刺激，孕妈妈从中获得安宁与享受，使胎儿心律平稳，对胎儿的大脑发育有良好的刺激。

美学胎教

通过进行一些艺术类练习，如书法、绘画等，孕妈妈本身会提高文化素养，并给胎儿创造更为安宁与舒服的生活环境。

联想胎教

美好的联想可以使孕妈妈产生愉悦的感受，这种信息通过母体传递给胎儿，能对胎儿产生一定程度的感化。

光照胎教

只要是不太刺激的光线，皆可给予胎儿脑部适度的明暗周期，刺激脑部发育。也可以在晴朗的天气外出散步，同样能使胎儿感受到光线强弱的对比。

准备一本胎教日记

准备一本胎教日记，这将是用10个月的时间给宝宝的诞生准备的一份最珍贵的礼物。这本饱含孕妈妈和准爸爸的爱和关怀写就的日记，将是宝宝一生的珍藏。

准备胎教用品

等待是一种折磨，但可以通过胎教的准备工作调整孕妈妈和准爸爸的心态。

胎教用品	
1	一张高质量的CD，内容为轻快、优美、健康的音乐
2	2～3本介绍怀孕知识的书籍
3	学会几首欢快的童谣
4	下载本书推荐的世界名画高清放大版
5	准备画具
6	画一些色彩鲜艳的数字、一些简单的汉字或者汉语拼音、几道简单的算术题

提前进行优孕准备

孕妈妈健康的身体才是胎儿健康发育最大的后勤保障。适当的运动，简单的舞蹈，一些音乐舒缓的手语舞，在大自然中散步都非常有用，这段时间还应当保持适当的运动。

在孕早期，随着胎儿的到来，可能会使孕妈妈感到不适。这种不适会影响孕妈妈的心情，所以孕妈妈需要学习静心呼吸法，帮助孕妈妈保持平和、愉快的心情。

避开胎教的误区

误区一：拍打"胎教"

胎儿在腹中的时候，胎动并不是胎儿闲来无事在和孕妈妈做游戏，他可能是伸个懒腰，或换个睡姿。此时对他的拍打很容易引起他的烦躁不安，这并不能起到胎教的作用。

误区二：所有世界名曲都适合胎教

胎教要定时、定点，每天孕妈妈可以设定半个小时来听音乐，时间不宜过长。进行音乐胎教时传声器最好离肚皮2厘米左右，不要直接放在肚皮上；音频应该保持在2 000赫兹以下，噪声不要超过85分贝。在选择音乐时要有讲究，不是所有世界名曲都适合进行胎教的，最好要听一些舒缓、欢快、明朗的乐曲，而且要因时、因人而选曲。

误区四：胎教可以随时随地进行

首先，胎教要适时适量。要了解胎儿的活动规律，一定要选择胎儿觉醒时进行胎教，且每次不超过20分钟。其次，胎教要有规律性。每天要定时进行胎教，让胎儿养成规律的生活习惯，同时也利于出生后良好生活习惯的养成。最后，胎教要有情感交融。在施教过程中，孕妈妈应注意力集中，完全投入，与胎儿共同体验，建立起最初的亲子关系。

营养胎教：调整饮食习惯

本周营养重点

重点补充

| 蛋白质 | B族维生素 | 矿物质 |

适量补充

| 糖类 | 无机盐 | 钙质 |

平衡合理的营养

食物品种应当杂一些，注意荤素搭配、粗细结合、饥饱适度、不偏食、不挑食、不忌口，并根据个人活动量、体质及孕前体重决定摄入量和饮食重点，养成良好的膳食习惯。

本周重要提示

 远离电磁辐射

生活中充满了各种各样的电磁波辐射，即使穿上了防辐射服，辐射仍然不能完全阻隔，最好的办法就是远离辐射源。

因素	危害
电磁炉	孕妈妈尽量避免使用电磁炉，如果使用，要使用电磁炉专用的铁质或钢制锅具，使用完毕要及时切断电源，然后再把锅移开
手机	接听手机时尽量佩戴耳机并长话短说，在手机拨出但仍未接通的时间段内身体要远离手机
电脑	使用电脑时身体与电脑要保持30厘米以上的距离，使用后最好洗脸，清除吸附在皮肤上的电磁辐射颗粒
电视	尽量开灯看电视，与电视保持2米以上的距离，缩短看电视的时间
微波炉、电吹风	尽量避免使用

第二周：精子和卵子幸福相遇

受孕概率 在排卵日同房，受孕的概率最高。

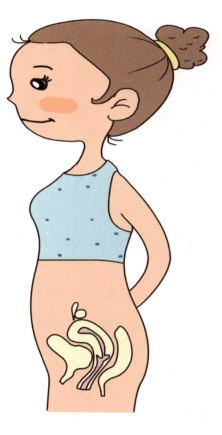

胎儿和孕妈妈的变化

染色体决定胎儿性别

　　胎儿的性别由构成基因的46条染色体中的两条来决定，精子和卵子各带一条。卵子带X染色体，精子带X或Y染色体。如果是带X染色体的精子使卵子受精，就是女孩；如果是带Y染色体的精子使卵子受精，就是男孩。因此，父亲决定胎儿的性别。

体温会有所升高

　　敏感的女性会感觉到排卵期子宫颈黏液又稀又滑，而且体温升高。还有一些变化，如激素水平的不同、子宫内膜的变厚等，一般感觉不到。排卵日同房受孕概率最高。

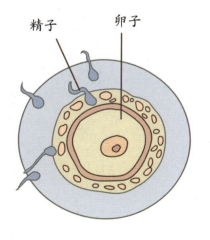

精子　　　卵子

营养胎教：全面进补

本周营养重点

重点补充

叶酸　　蛋白质

适量补充

无机盐　　B族维生素

哪些食物可以提高受孕概率

内容	时间
富含锌的食物	植物性食物中含锌量比较高的有豆类、花生、小米、萝卜、大白菜等；动物性食物中，以牡蛎含锌最为丰富，此外，牛肉、鸡肝、蛋类、羊排、猪肉等含锌也较多
动物内脏	这类食品中含有较多量的胆固醇，其中，约10%是肾上腺皮质激素和性激素，适当食用这类食物，对增强性功能有一定作用
富含蛋白质、维生素的食物	如瘦肉、鸡蛋、新鲜蔬菜、水果等
富含精氨酸的食物	据研究证实，精氨酸是精子形成的必需成分，并且能够增强精子活力，对男子生殖系统正常功能维持有重要作用。可多吃诸如鳝鱼、海参、墨鱼、章鱼、木松鱼、芝麻、花生仁、核桃等

食物清除体内烟毒、酒毒

解烟毒的食物		解酒毒的食物	
胡萝卜	减少癌症的发病率	水	恢复水分平衡。应喝常温或温热的水
大白菜	具有清肺利咽、清热解毒的功效	番茄	分解酒精
葡萄	提高细胞新陈代谢率，促进排毒	贝类	强化肝脏的解毒作用
杏仁	可使吸烟者的肺癌发病率大大降低	姜黄	对酒精造成的肝脏损伤很有疗效
梨	饭后吃个梨，促使积存在人体内的致癌物质大量排出	芦荟	可以降低酒精分解后产生的有害物质乙醛在血液中的浓度

戒烟的充分理由

1.香烟中含有大量烟碱和尼古丁，进入人体后会造成全身血管病变，伤害身体的整个内分泌系统，影响卵巢功能，导致内分泌失调而引发不孕，在孕早期吸烟还容易导致流产。

2.香烟里的有害物质可以通过吸烟者的血液循环进入生殖系统，导致精子和卵子发生变异，从而影响受精卵的质量。

3.吸烟时产生的一氧化碳进入孕妈妈体内，会减少对胎儿的供氧量，导致胎儿生长缓慢，出生后智力低下、抵抗力弱。烟草里的尼古丁和其他有毒物质通过胎盘进入胎儿体内，极易损害胎儿肝脏、血液及心脏等器官。

戒酒的充分理由

酒精是生活中常见的致畸因素之一，极易引起人体染色体畸变。酒精会集中于滋养胎儿的血液中，造成胎儿酒精症，影响胎儿身体和大脑的发育。酒后受孕是胎儿先天性畸形、先天智力低下等缺陷的主要原因。孕妈妈喝酒，更会直接影响到胎儿的生长发育。所以，计划怀孕的女性一定要远离酒精。

·小贴士·

虽然自己不吸烟，但是处在烟雾缭绕的环境中，同样会损害孕妈妈和胎儿的健康。所以，要尽量远离有烟雾的地方。如果办公室有同事吸烟，可以私下里提醒对方。如果无法避免待在有烟的场合，要坐在空气流通的地方，尽可能多呼吸新鲜空气。

科学补充叶酸

叶酸的生理功能

叶酸是B族维生素的一种，是细胞制造过程中不可缺少的营养素，是一种水溶性的维生素，是合成蛋白质和核酸的必需因子，血红蛋白、红细胞、白细胞快速生成，氨基酸代谢，大脑中长脂肪酸如DNA的代谢等都少不了它，叶酸在人体内具有不可或缺的作用。

缺乏叶酸的危害

孕妈妈早期缺乏叶酸是儿童先天性疾病发生的原因之一，有可能造成胎儿先天性神经管畸形，包括无脑儿及脊柱断裂。无脑儿一般出生后短时间内即死亡，脊柱断裂则造成胎儿终身残疾。因此建议孕妈妈在怀孕前1个月到孕早期的3个月内，每天补充400微克叶酸，可以有效预防神经管畸形的发生，还可能降低先天性心脏病的发生率。

孕中晚期叶酸缺乏，孕妈妈易发生胎盘早剥、妊娠高血压综合征、巨幼细胞性贫血等，而且胎儿易发生宫内发育迟缓、早产和出生低体重，可影响胎儿的智力发育，还可使眼、口唇、腭、胃肠道、心血管、肾、骨骼等器官的畸形率增加。叶酸还是红细胞形成所必需的物质。叶酸缺乏将导致贫血，增加流产机会，胎儿也可能营养不良。

叶酸要吃多少

人体不能自己合成叶酸，来源要从食物中摄取，孕妈妈每天需补充600～800微克叶酸才能满足胎儿生长需求和自身需要。孕妈妈应多吃新鲜的蔬菜、水果，在烹制食物时需要注意方法，避免过熟，尽可能减少叶酸流失。

对于有不良妊娠史、高龄及家族中有生育过畸形胎儿史等高危因素的孕妈妈，最好在医生的指导下，每天口服叶酸片0.4毫克。

吃叶酸的正确时间

在怀孕前后3个月服用叶酸片可以取得很好地预防胎儿神经管畸形的作用；超过3个月再服用就没有太大作用了，此时孕妈妈可以停止补充叶酸。通过多吃瘦肉、蛋、奶等高营养物质，就可以促进胎儿发育。

叶酸的来源

种类	食物名称
深绿叶蔬菜	苋菜、菠菜、油菜、小白菜等
动物的肝脏	鸡肝、猪肝、牛肝等
谷类食物	全麦面粉、大麦、米糠、小麦胚芽、糙米等
豆类、坚果类	黄豆、绿豆、豆制品、花生、核桃、腰果等
新鲜水果	柑橘、橙子、草莓等

青笋拌鲜鱿

鲜鱿鱼200克，青笋100克，芝麻10克，葱段20克，精盐、鸡精、白糖各1/2小匙，辣椒油1大匙。

1 将鱿鱼去头及膜，除去内脏，用清水冲洗干净，再切成粗丝，放入沸水锅中焯烫至熟，捞出凉凉。

2 青笋去皮、洗净，切成粗丝，再用少许精盐略腌，挤干水分；芝麻用热锅炒熟，盛出。

3 将精盐、鸡精、辣椒油、熟芝麻、白糖、葱段放入盆中调匀，再放入鱿鱼丝、青笋丝拌匀，即可装盘食用。

怪味甘蓝

甘蓝350克，红辣椒、青辣椒各20克，香菜末5克，花椒10粒，香油5克。

1 甘蓝洗净，切成细丝；红、青辣椒均去蒂及籽，洗净，切成细粒；花椒洗净，放在案板上，用刀拍碎，再剁成细末。

2 锅中加香油烧热，下入花椒末煸香，倒入碗中，加入红、青辣椒末、精盐、鸡精调成味汁。

3 锅加入清水烧开，下入甘蓝丝焯透，捞出沥水，放入盘中，浇入调好的味汁，撒上香菜末，即可上桌食用。

语言胎教：古诗中的母亲

《游子吟》
（唐）孟郊

慈母手中线，游子身上衣。
临行密密缝，意恐迟迟归。
谁言寸草心，报得三春晖。

《墨萱图》
（元）王冕

灿灿萱草花，罗生北堂下。
南风吹其心，摇摇为谁吐？
慈母倚门情，游子行路苦。
甘旨日以疏，音问日以阻。
举头望云林，愧听慧鸟语。

《岁末到家》
（清）蒋士铨

爱子心无尽，归家喜及辰。
寒衣针线密，家信墨痕新。
见面怜清瘦，呼儿问苦辛。
低徊愧人子，不敢叹风尘。

《送张参明经举兼向泾州觐省》
（唐）孟浩然

十五彩衣年，承欢慈母前。
孝廉因岁贡，怀橘向秦川。
四座推文举，中郎许仲宣。
泛舟江上别，谁不仰神仙。

《步虚》
（唐）司空图

阿母亲教学步虚，
三元长遣下蓬壶。
云韶韵俗停瑶瑟，
鸾鹤飞低拂宝炉。

本周重要提示

✦ 试纸确认后，还要做B超检查 ✦

　　即使早早孕试纸显示已怀孕了，建议孕妈妈也要在怀孕35天时去医院接受B超检查。一方面确定怀孕状态是否正常和推算预产期。另外，B超检查还能确定胚胎个数，排除异常妊娠。

　　在怀孕7周以上，利用B超检查能确认胎囊状态，如果B超检查中发现子宫体积变大，同时子宫内壁变厚，就能确认已经怀孕了。

第三周：受精卵进行细胞分裂

着床 本周受精卵已经开始缓慢地进入子宫，并在进行细胞分裂。

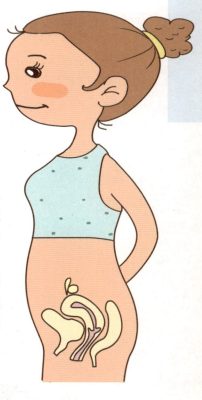

胎儿和孕妈妈的变化

胚胎发育迅速

怀孕的最初几天，胚胎的发育速度惊人，每天都有很大的变化。仅仅7天时间里，一个单细胞就发展成了具有数百个细胞的细胞团，用显微镜观察可以看到，一些细胞发展成胚胎本身，另外一些发育成为胚胎提供营养的支持结构。

月经停止

在受精后的6～7天，桑葚胚开始植入子宫内膜，也就是着床。随着细胞团的发育，受精卵发育成胚泡，这会悄悄引发身体内的巨大变化，包括月经周期的停止。

有15%的孕妈妈在排卵时会有下腹部轻微疼痛的感觉，同时阴道分泌物也会随之增多。当受精卵在子宫内着床时，有些孕妈妈还会出现少量的出血症状。

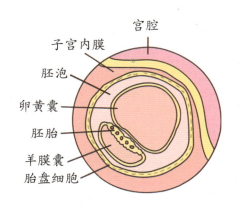

宫腔
子宫内膜
胚泡
卵黄囊
胚胎
羊膜囊
胎盘细胞

营养胎教：补充微量元素

本周营养重点

重点补充

叶酸

适量补充

锌   铜

注意盐的摄取量

人为了维持身体内环境的稳定，吃进去的钠与排出来的钠是相等的。当肾脏发生病变功能减退时，可使排钠减少，失去水电解质的平衡，引起血钾升高，导致心脏功能受损。因此，孕妈妈的盐量应根据身体所需摄取。如果孕妈妈多吃盐，就会加重水肿且使血压升高，甚至引起心力衰竭等疾病。但是如果长期低盐或者不能从食物中摄取足够的钠时，就会使人食欲缺乏、疲乏无力、精神萎靡，严重时发生血压下降，甚至引起昏迷。研究表明，正常孕妈妈每日的摄盐量以7～10克为宜。

钙与维生素D同时补充

大多数人处于钙储存较低水平或缺钙的状态，尤其是那些经常在室内工作，缺乏日光照射的女性更容易出现缺钙情况。含钙量高的食物包括乳制品、深绿色蔬菜、蛋黄、海藻、芝麻、西瓜等，对于有足量乳类饮食摄入的孕妈妈，一般不需要额外补给钙剂。

对于不常吃动物性食物和乳制品的孕妈妈，应根据需要补充钙剂。补钙的同时，还需注意补充维生素D，以保证钙的充分吸收和利用。

一周美味食谱

胡萝卜炒肉

瘦猪肉100克，胡萝卜1/4根，植物油5克，香菜、淀粉各适量，酱油少许，葱花、姜末少许。

1　胡萝卜洗净，切丝，瘦猪肉切丝，加入淀粉拌匀，香菜切成末。

2　锅置火上，加入植物油烧热，放入葱花、姜末炝锅，再放入肉丝炒散，放胡萝卜丝煸炒。

3　锅里加入酱油少许，炒熟后加入香菜末即可。

白菜叶汤

白菜叶200克，虾干10克，葱末10克，精盐1/2小匙，鸡精少许，牛奶3大匙，高汤1000克，熟猪油1小匙。

1 将白菜叶洗净，沥去水分，切成2厘米宽、4厘米长的条；虾干去除杂质，放入温水中浸泡30分钟，捞出沥干。

2 坐锅点火，加入熟猪油烧热，先下入虾干煸炒片刻，再放入葱末炒出香味。

3 添入高汤，加入白菜叶、精盐、鸡精烧沸，再加入牛奶煮开，撇去浮沫，盛入大碗中即可。

葱油海螺

鲜海螺肉300克，葱叶40克，精盐、鸡精各1/2小匙，白糖少许，食用碱、香油各1小匙，植物油1大匙。

1 鲜海螺肉洗净，片成片，放入盆中，加入清水和食用碱浸泡10分钟，然后把海螺片下入沸水锅中焯至熟，捞出凉凉，装入盘中。

2 将葱叶洗净，切成葱花，再放入四成热的油锅中炸香出味，出锅放小碗内成葱油。

3 把精盐、鸡精、白糖、香油放在盛有葱油的小碗内调匀，浇在海螺肉上，拌匀即可。

美学胎教：美从现在开始

形体美学

形体美学主要指孕妈妈本人的气质。孕妈妈穿着合体的孕妇装，洁净的头发和素雅的妆容，会使整个人精神焕发。怀孕会使女人平添更多的风韵，胎儿在母体内受到美的感染，从而获得初步的审美观。

大自然美学

孕妈妈应多到大自然中去饱览美丽的景色，这样可以促进胎儿大脑细胞和神经的发育。

阿尔让特伊大桥 /（法）克劳德·莫奈

美文欣赏《美好的一天》

《美好的一天》出自波兰著名诗人切·米沃什之笔。"多美好的一天啊！"诗歌开头的一句话，引起了人们美好的想象和回忆。在一个早晨，暖和温情的阳光照在花园里。花园里的花朵还没有完全开放，还在充满生机的枝头孕育着春天的气象，蜂鸟从花园中飞起，传递着春的气息。在这样的早晨，诗人在自己靠近海边的花园劳作，那是一种平凡而美丽的生活，让人体会到了那平凡的幸福。

《美好的一天》

切·米沃什

多美好的一天啊！
花园里干活儿，
晨雾已消散，
蜂鸟飞上忍冬的花瓣。
世界上没有任何东西我想占为己有，
也没有任何人值得我深深地怨；
那身受的种种的不幸我早已忘却，
依然故我的思想也纵使我难堪，
不再考虑身上的创痛，
我挺起身来，
前面是蓝色的大海，
点点白帆。

语言胎教：《三只熊》

步骤一、**熊爸爸**
双手竖起拇指向前推。

步骤二、**胖胖的**
双手竖起拇指向前做波浪式推进。

步骤三、**熊妈妈**
双手竖起示指向上移动。

步骤四、**很苗条**
双手竖起示指做波浪状向下移动。

步骤五、**熊宝宝**
双手竖起小指向外画圈。

步骤六、**很可爱**
双手竖起小指在脸上做可爱状。

《三只熊》

三 只 熊 住 在 一 起， 熊爸爸、熊妈妈、熊宝宝，

熊 爸 爸 胖 胖 的， 熊 妈 妈 很 苗 条，

熊 宝 宝 很 可 爱， 一 天 天 长 大 了。

《小熊买西瓜》

夏天的下午，火辣辣的太阳照着大地，熊妈妈在家里忙东忙西，可她的两个儿子大懒和小馋却都不帮她干活。

小馋说："妈妈，这么热的天，买个西瓜也好啊？"

大懒说："是呀，弟弟，那你去买个西瓜吧！"

小馋说："你去吧，你比我大。"

大懒又说："你比我跑得快，你去！"

熊妈妈在一旁生气地说："你们俩一起去，谁要是偷懒就不准吃西瓜。"大懒和小馋都想吃西瓜，只好一起去。

他们来到瓜地，买了一个西瓜。大懒抱着西瓜往回走。刚走出瓜地他就让小馋抱，小馋刚抱了一会儿，又要给大懒，谁都不想抱，推来推去，一不小心，西瓜掉了下来，滚了几下就停了下来。这时大懒高兴地说："我有办法了，咱们把西瓜滚回家。"小馋连声说好。

就这样，他们你踢一脚，我滚一下，不一会儿就到了家。

回到家，他们瞪大眼睛，咽着口水，看妈妈切西瓜，刚切开，红红的西瓜水哗得一下流了出来。这时候，他们后悔也来不及了。

运动胎教：散步

每天保证10～20分钟的散步时间，对孕妈妈和胎儿都有好处。早晨起床后和晚饭后在空气清新的环境中散步，并适当增加一些爬坡的运动，不要走得太急，散步的最初5分钟要慢走，做一下热身运动，最后5分钟也要慢走，使身体慢慢放松。散步时要穿着轻便的运动装和软底的运动鞋，在散步途中感到不舒服时，要找一个安全、干净的地方休息一下。

本周重要提示

★ 记录重要的孕期数据 ★

怀孕后，关于孕妈妈本身和胎儿变化的基本常识是一定要掌握的，这样有利于对十月孕期的整体把握。

内容	时间
最早验孕时间	排卵期同房后15天左右
早孕反应出现时间	受孕后40天左右
第一次产检	怀孕6周左右，确定宫内孕
全程产检时间	怀孕后3个月做第一次产检；4～7个月每月检查1次；8个月后每半个月检查1次；最后一个月每周检查1次
胎心音最早出现时间怀	怀孕6周左右
胎心音正常频率	每分钟120～160次
胎动出现时间	孕16～20周
胎动正常次数	每12小时30～40次，最低不少于20次
频繁胎动时期	孕28～34周
羊水深度	羊水指数小于5，考虑羊水偏少
易自然流产发生时间	怀孕12周以内
易早产发生时间	怀孕28～37周
过期妊娠最大天数	过期妊娠最大天数为14天。如果超过预产期7天还不生，就要考虑帮助宝宝出生，具体方法要和医生商量，医生会根据你的预产期、胎儿大小、宫颈条件等，和你商量引产方法

第四周：胎儿的神经管形成

确认怀孕 本周月经准的孕妈妈会发现已经怀孕了。胚胎也发生了一些变化，胚泡开始发育成胚。

胎儿和孕妈妈的变化

胚泡开始发育

胚泡分化为外胚叶、中胚叶及内胚叶。这些胚叶最后形成不同的身体器官，最上层的外胚叶形成皮屑、毛发、手指甲、脚趾甲、大脑、脊髓和神经；中间的中胚叶形成肌肉、骨骼、泌尿系统和生殖器、心脏以及其他器官；最下层的内胚叶形成各种脏器内部的黏膜、肺和肠子以及连接这些器官的分泌腺。

确定怀孕

如果出现月经该来而没来，基础体温连续14天处于高温期，那就很可能已经怀孕。

不能确定是否怀孕时，可以购买测孕试纸进行检查，或者到医院的妇产科做检查。

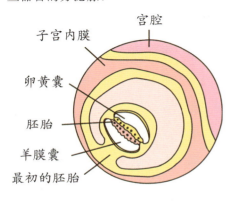

营养胎教：宜忌食物早知道

本周营养重点

重点补充

叶酸

适量补充

锌

不宜吃的食物

甲鱼

虽然甲鱼具有滋阴益肾的功效，但是甲鱼性味咸寒，有着较强的通血络、散淤块的作用，因而有一定堕胎之弊，尤其是鳖甲的堕胎之力比鳖肉更强。

薏米

薏米是一种药食同源之物，中医认为其质滑利。药理实验证明，薏仁对子宫平滑肌有兴奋作用，可促使子宫收缩，因而有诱发流产的可能。

螃蟹

螃蟹味道鲜美，但其性寒凉，有活血祛淤之功效，故对孕妈妈不利，尤其是蟹爪，有明显的堕胎作用。

腌制食品

腌制食品虽然美味，但里面含有亚硝酸盐、苯并芘等成分，对身体很不利。

蛋白质不可少

受孕前后，如果碳水化合物、脂肪供给不足，孕妈妈会一直处于饥饿状态，可能会导致胚胎大脑发育异常，影响胎儿的智商。尽量选择易消化吸收、利用率高的蛋白质，如鱼类、乳类、蛋类、肉类和豆制品，每天应保证摄取150克以上的主食。

一周美味食谱

栗子扒油菜

油菜250克，熟板栗肉200克，香菇50克，胡萝卜片少许、姜片、精盐、鸡精、白糖、胡椒粉、蚝油、水淀粉、酱油、料酒、清汤、植物油各适量。

1　香菇去蒂，洗净，切成两半；熟板栗肉切成两半；油菜洗净，放入沸水中焯烫一下，捞出沥水。

2　锅中加入植物油烧热，放入油菜，加入精盐、鸡精炒匀，码入盘中垫底。

3　锅中留底油烧至六成热，先下入姜片炒出香味，再放入香菇、栗子肉、胡萝卜片略炒。

4　加入精盐、白糖、胡椒粉、蚝油、酱油、料酒、清汤扒至入味，勾芡，盛在油菜上即成。

平菇炒肉

鲜平菇300克，猪瘦肉100克，葱花、姜片各25克，精盐、鸡精、白糖各1小匙，酱油2小匙，香油适量，葱油、鲜汤各3大匙。

1 将猪肉去除筋膜，用清水洗净，切成小片；鲜平菇洗净，撕成片。

2 坐锅点火，加入葱油烧热，先下入葱花、姜片炒香，再放入肉片煸炒至变色。

3 下入平菇，加入精盐、酱油、白糖、鲜汤烧至入味，再放入鸡精翻炒均匀，淋入香油，即可出锅装盘。

蔬菜牛肉汤

土豆、白菜、菜花、扁豆、番茄、胡萝卜、葱头各50克，香菜15克，精盐、胡椒粒、黄油各1大匙，鸡精2大匙，牛肉汤1000克。

1 将所有原料洗净，土豆、白菜切块，菜花掰成小朵，扁豆切成菱形片、焯透，番茄切块，胡萝卜切片，葱头切丝，香菜切段。

2 锅中加入牛肉汤烧沸，先下入胡萝卜、葱头、胡椒粒、香菜、黄油煮熟，再放入土豆、白菜、菜花煮开，待土豆熟透时，加入扁豆、番茄略煮，放入精盐、鸡精调味即可。

意念胎教：插上想象的翅膀

准爸妈可以在胎教中运用意念胎教，在胎儿的潜意识里播下健康的知识，准爸妈这种美好的设想可以使胎儿健康发育。

爱心是进行意念胎教的前提

因为爱在意念胎教中起重要的作用。孕妈妈在进行意念胎教的时候，首先要对胎儿充满爱心。胎儿在爱的环境中，才会产生安全感，积极地配合。

怎样进行意念胎教

如果孕妈妈想要让胎儿知道玫瑰是什么样子的，就可以轻轻地闭上眼睛，现在脑中想象一下胎儿的形象，然后在脑中想象玫瑰花的颜色、形状，同时说："这就是玫瑰花。"

·小贴士·

运用意念走神是一种常见的现象，这时孕妈妈不要急躁，更不要强迫自己集中注意力。一发觉自己走神了，就先对胎儿讲一声"对不起，妈妈开小差了，宝宝不要学妈妈，要学会集中注意力。"

本周重要提示

★ 计算预产期 ★

自从知道自己怀孕的那天开始，孕妈妈就开始计算着究竟哪天能够见到宝宝。预产期应该怎样计算呢？

根据末次月经计算	从末次月经的第一天算起，月份减3，如果不够，则加9，所得数据为预产期的月份。天数是日期数加7，所得数据为预产期日。例如：末次月经是2010年6月1日，预产期约为2011年3月8日
根据孕吐开始时间推算	一般来说，孕吐反应出现在孕6周末期，即末次月经后的42天，由此向后推算238天，即为预产期
根据B超检查推算	去医院体检时，医生可以根据做B超时测得的胎头双顶间径、头臀长度以及股骨长度估算胎龄，并推算出预产期
根据基础体温曲线计算	对于坚持测量基础体温的孕妈妈来说，可以选择这种方法。将基础体温曲线的低温段的最后一天作为排卵日，从排卵日向后推算264～268天，或加38周

第二章

孕二月 早孕反应来报道

第五周：胎儿大脑和脊椎形成

孕妈妈　月经未至，出现恶心、呕吐等症状。
胎　长　6毫米左右。
胎　重　1.5克左右。

胎儿和孕妈妈的变化

胚胎已经头尾可辨

　　胚胎下方沿着背部的一条斑纹状结构弯曲起来形成一条沟，随后合并起来呈管状，即神经管。神经管会发育成脊髓和大脑。

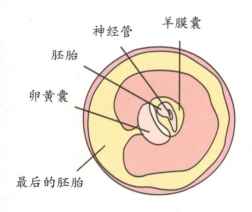

神经管　　羊膜囊
胚胎
卵黄囊
最后的胚胎

出现类似感冒的症状

　　你会发现月经没有按时来，此时你需要购买怀孕试纸进一步确认是否怀孕。一旦试纸证明已怀孕，要马上去医院检查。有些敏感的女性会出现类似感冒的症状。如果有这种症状，同时月经还没有来，就要去医院检查，不要随便吃感冒药。

营养胎教：饮食不要过于勉强

本周营养重点

重点补充

叶酸

适量补充

维生素 B₁　　维生素 B₂

不要忽略维生素B₁和维生素B₂

维生素B₁（硫胺素）缺乏，会使孕妈妈全身无力、体重减轻、食欲缺乏。在孕期，身体组织对维生素B₁的需要量增加，易引起缺乏症。每日应补充维生素B₁约1.5毫克。维生素B₂（核黄素）缺乏时，由于体内物质代谢发生障碍，会出现口角炎、舌炎、皮炎、角膜炎等病症。孕妈妈每日需要维生素B₂约1.6毫克。动物性食物中含维生素B₂较多的，首先是内脏，其次是乳类和蛋类，鱼、蔬菜中含量很少。

缓解孕吐这样吃

孕吐饮食原则

为了减轻胃肠道负担，减少呕吐症状，可选用鸡蛋、饼干和酥脆爽口的烤面包干，烤馒头干，烧饼以及各种水果等。此外，无论孕吐程度如何，均应忌食肥腻及不易消化的油炸食物，酒类因有强烈的刺激性，也应绝对禁止。

孕吐期间保证营养

孕吐期间的饮食应以"富于营养、清淡可口、容易消化"为原则，做到少食多餐，尽量食用低脂食物，多吃一些体积小、含水分少的食物，如饼干、鸡蛋、巧克力等。同时还要随时补充水分，以防出现脱水或电解质不平衡的现象。如果孕吐严重，导致不能进食，则需要住院输液止吐。

	缓解呕吐可以这样吃
1	以"少量多餐"为原则，每2～3个小时就进食1次，每次不要吃太多，选择富含碳水化合物（如苏打饼干）、富含蛋白质的食物为佳，且汤汤水水的东西尽量少吃
2	避免吃油炸、油腻、辛辣，具刺激性或不好消化的食物
3	有些孕妈妈对于带有特殊或强烈味道的食物较为敏感，容易引发恶心、呕吐的感觉，因此最好也要避免食用这类食物
4	在睡前可以吃一些食物或喝一杯温牛奶，这样第二天起床才不会因为空腹感而产生恶心的情形
5	若孕妈妈对姜的味道不排斥，则可食用姜汤，以改善恶心、呕吐的情形
6	尽量挑选自己喜欢的食物吃，不要勉强吃不想吃的食物
7	增加单糖的摄取，如柳橙汁及葡萄汁就是不错的选择

双椒墨鱼仔

墨鱼仔300克，青椒片、红椒片各25克，葱花、蒜片各5克，精盐1小匙，鸡精、白糖各1/2小匙，水淀粉2小匙，辣椒油1大匙，植物油2大匙。

1 将墨鱼仔去除内脏、洗净，放入沸水锅中焯至八分熟，捞出过凉，沥干水分。

2 锅中加植物油烧热，先下入葱花、蒜片炒香，再放入墨鱼仔、青椒片、红椒片略炒。

3 加入精盐、白糖、鸡精，大火翻炒至入味，再用水淀粉勾薄芡，淋入辣椒油炒匀，即可出锅装盘。

腰果虾仁

虾仁300克，腰果100克，鸡蛋清1个，葱末10克，姜末、蒜末各5克，精盐、料酒、香油各1小匙，酱油2小匙，白糖、米醋、水淀粉各1大匙，淀粉2大匙，鲜汤3大匙，植物油适量。

1 把虾仁去除沙线、洗净，加入少许精盐、鸡蛋清、淀粉拌匀上浆；腰果放入烧至四成热的油锅中炸至脆酥，捞出沥油。

2 碗中加入精盐、鸡精、酱油、白糖、米醋、料酒、香油、鲜汤、水淀粉调匀，制成味汁。

3 锅中留底油烧至五成热，先下入虾仁炒散，再放入葱末、姜末、蒜末炒出香味。

4 然后烹入调好的味汁，大火炒至收汁，再放入腰果翻炒均匀，即可出锅装盘。

语言胎教：《荷塘月色》

请孕妈妈带着一颗纯净的心给腹中的胎儿阅读文章吧！用饱含深情的语言，用温柔美妙的声音让胎儿聆听妈妈的声音。

《荷塘月色》（节选）

朱自清

曲曲折折的荷塘上面，弥望的是田田的叶子。叶子出水很高，像亭亭的舞女的裙。层层的叶子中间，零星地点缀着些白花，有袅娜地开着的，有羞涩地打着朵儿的；正如一粒粒的明珠，又如碧天里的星星，又如刚出浴的美人。微风过处，送来缕缕清香，仿佛远处高楼上渺茫的歌声似的。这时候叶子与花也有一丝的颤动，像闪电般，霎时传过荷塘的那边去了。叶子本是肩并肩密密地挨着，这便宛然有了一道凝碧的波痕。叶子底下是脉脉的流水，遮住了，不能见一些颜色；而叶子却更见风致了。

月光如流水一般，静静地泻在这一片叶子和花上。薄薄的青雾浮起在荷塘里。叶子和花仿佛在牛乳中洗过一样；又像笼着轻纱的梦。虽然是满月，天上却有一层淡淡的云，所以不能朗照；但我以为这恰是到了好处——酣眠固不可少，小睡也别有风味的。月光是隔了树照过来的，高处丛生的灌木，落下参差的斑驳的黑影，峭楞楞如鬼一般；弯弯的杨柳的稀疏的倩影，却又像是画在荷叶上。塘中的月色并不均匀；但光与影有着和谐的旋律，如梵婀玲上奏着的名曲。

荷塘的四面，远远近近，高高低低都是树，而杨柳最多。这些树将一片荷塘重重围住；只在小路一旁，漏着几段空隙，像是特为月光留下的。树色一例是阴阴的，乍看像一团烟雾；但杨柳的丰姿，便在烟雾里也辨得出。树梢上隐隐约约的是一带远山，只有些大意罢了。树缝里也漏着一两点路灯光，没精打采的，是渴睡人的眼。这时候最热闹的，要数树上的蝉声与水里的蛙声；但热闹是它们的，我什么也没有。

忽然想起采莲的事情来了。采莲是江南的旧俗，似乎很早就有，而六朝时为盛；从诗歌里可以约略知道。采莲的是少年的女子，她们是荡着小船，唱着艳歌去的。采莲人不用说很多，还有看采莲的人。那是一个热闹的季节，也是一个风流的季节。梁元帝《采莲赋》里说得好：

于是妖童媛女，荡舟心许；鹢首徐回，兼传羽杯；櫂将移而藻挂，船欲动而萍开。尔其纤腰束素，迁延顾步；夏始春余，叶嫩花初，恐沾裳而浅笑，畏倾船而敛裾。

美学胎教：画一幅动物简笔画

孕妈妈画简笔画也是美学胎教的一部分。孕妈妈可以用水彩笔画一幅动物简笔画，大脑对色彩的反应相对来说更加强烈一些，胎儿也能受到良好的刺激。

动物简笔画，就是用简单的线条画出动物主要的外形特征，要画得"简"，画得像。必须删掉细节，突出主要特征，把复杂的形象简单化。动物简笔画非常容易掌握。

步骤1：首先画出椭圆形的脸。

步骤2：画出兔子的耳朵和鼻子。

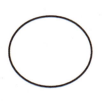

步骤3：画出兔子的眼睛。

步骤4：画上胡须，完成。

边说边画

孕妈妈先想象一下小兔子的头是什么形状？耳朵又是什么形状？孕妈妈可以把小兔子的外形用四句顺口溜来概括："脑袋滴溜圆，耳朵长又扁，眼睛红又大，胡须分两边。"边说顺口溜边画小兔子。

突出动物形象的特征

孕妈妈可以根据各种动物的特征采取夸张、拟人的手法来画，使形象更加突出。例如把熊猫的脑袋画得大大的可显得更可爱，把小鸟的头画得大些可显得更活泼……

孕妈妈在画动物简笔画时，一定要抓住这些小窍门，才能把动物简笔画画好。

孕妈妈画一画

知识胎教：宇宙的起源

宇宙是怎么起源的呢？孕妈妈可以给胎儿讲一则百科知识，了解宇宙的起源。

目前学术界影响较大的"宇宙大爆炸理论"是1927年由比利时数学家勒梅特提出的。他认为最初宇宙的物质集中在一个超原子的"宇宙蛋"里，在一次无与伦比的大爆炸中分裂成无数碎片，形成了今天的宇宙。1948年，俄裔美籍物理学家伽莫夫等人，又详细勾画出宇宙由一个致密炽热的奇点于150亿年前一次大爆炸后，经一系列元素演化到最后形成星球、星系的整个膨胀演化过程的图像。但是该理论存在许多使人迷惑之处。宏观宇宙是相对无限延伸的。"大爆炸宇宙论"说宇宙当初仅仅是一个点，而它周围却是一片空白，将人类至今还不能确定范围也无法计算质量的宇宙压缩在一个极小空间内的假设只是一种臆测。况且从能量与质量的正比关系考虑，一个小点无缘无故地突然爆炸成浩瀚宇宙的能量从何而来呢？

所以这只是一种理论，宇宙究竟是怎么来的？至今还没有一个非常合理的解释。

本周重要提示

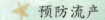

预防流产

妊娠早期，胚胎对各种有害因素十分敏感，极易导致自然流产，孕妈妈要格外小心，做好日常保健。

	预防流产
1	提前做遗传学检查，夫妻双方同时接受染色体的检查
2	做血型鉴定，包括Rh血型系统
3	有子宫内口松弛的女性，可做内口缝扎术
4	甲状腺功能低下的女性，要保持甲状腺功能正常后再怀孕，孕期也要服用抗甲低的药物
5	注意休息，避免房事（尤其是在上次流产的妊娠期内），保持情绪稳定，生活有规律
6	男性要做生殖系统的检查，有菌精症要治疗彻底后再受孕
7	避免接触有毒物质和放射性物质的照射
8	发生流产后半年内要进行避孕，半年后再怀孕

第六周：胎儿开始逐渐呈现雏形

孕妈妈　乳房变大，继续头痛、恶心、呕吐等症状。
胎　长　8.5毫米左右。
胎　重　2～3克。

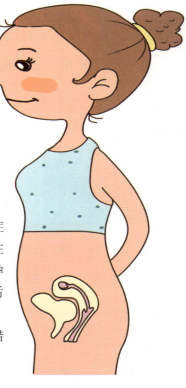

胎儿和孕妈妈的变化

胎儿呈现雏形

从怀孕第六周开始，胎儿逐渐呈现雏形。虽然后面还拖着小尾巴，但此时手脚四肢已开始像植物发芽一样长出来，能看到明显的突起。尽管此时胎儿的心脏只是一根小的管子，但有可能从本周起开始跳动。

头痛症状加剧

怀孕后，经常会出现头痛或头痛症状加剧。平时没有头痛症状的孕妈妈在怀孕初期容易出现头痛症状，但是怀孕3个月后这种现象自然会消失。怀孕后出现头痛不止时不能擅自服用止痛药，一定要和医生商量后，采取适当的措施，或者按照医生的处方用药。

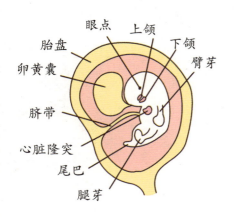

营养胎教：饮食清淡又可口

本周营养重点

重点补充	
叶酸	蛋白质

适量补充	
多种矿物质	综合维生素

多吃粗粮防呕吐

孕早期，由于血糖偏低、进食不足产生酮体，孕妈妈易发生食欲缺乏、轻度恶心和呕吐，这时可以多吃粗粮等含糖较多的食物，以提高血糖，降低酮体。在这段时期宜多吃鱼，因为鱼营养丰富，滋味鲜美，易于消化，特别适合孕早期食用。

为了防止恶心、呕吐，要少食多餐，少吃油腻和不易消化的食物，多吃稀饭、豆浆等清淡食物。还可以在起床和临睡前吃少量面包、饼干或其他点心。

吃鱼有讲究

你喜欢吃糖醋黄鱼、松鼠鳜鱼、干烧鲈鱼吗？那可以每周痛痛快快大吃2～3次。原则上三文鱼、金枪鱼、北极贝等海鲜刺身是可以吃的，但是因为生鲜食物较难保鲜，运输过程中可能受到污染，所以建议少吃为妙。

海鱼含有丰富的蛋白质、碘、钙、铁、磷等矿物质，亚油酸、烟酸等脂肪酸，以及维生素B_1、维生素B_2等。

一周美味食谱

蛋黄紫菜包饭

米饭1小碗，鸡蛋1个，黄瓜、胡萝卜各30克，烤好的海苔1片，植物油1匙。

1 平底锅里放入油，烧热；把鸡蛋液倒入，均匀地摊成鸡蛋饼；把胡萝卜、黄瓜和鸡蛋饼切成丝备用。

2 拿出一片海苔，铺在寿司帘上，把米饭铺在海苔上。

3 在米饭上放上胡萝卜丝、黄瓜丝和鸡蛋丝。

4 将寿司帘卷起，来回卷几次捏紧；用刀切成小块，装盘即可。

肉末炒芹菜

芹菜300克，猪五花肉150克，葱末、姜末各少许，精盐、鸡精、料酒、香油各1小匙，白糖1/2小匙，酱油2小匙，植物油1大匙。

1 将芹菜去根及叶，洗净，切成小段；猪肉洗净，剁成碎末。

2 净锅置火上，加入植物油烧至五成热，先下入猪肉末炒散至变色，再放入葱末、姜末炒出香味。

3 加入芹菜段、酱油、料酒翻炒均匀，再放入精盐、鸡精、白糖和适量清水炒至收汁，淋入香油，即可出锅装盘。

明珠扒菜心

油菜心300克，鹌鹑蛋20个，小番茄2个，葱段、姜片、精盐、鸡精、料酒、水淀粉、清汤各适量，熟猪油100克。

1 油菜心洗净，切成两半，放入沸水中焯熟，捞出冲凉；鹌鹑蛋洗净，入锅煮熟，取出去壳；小番茄洗净，切成4瓣，去籽浆，去皮。

2 锅中加油烧热，爆香姜片、葱段，加入清汤稍煮，拣去葱、姜，放入鹌鹑蛋煮熟，捞出摆盘。

3 再放入油菜心、调料扒至入味，捞出摆盘，汤汁用水淀粉勾芡，浇入盘中，摆上番茄瓣即成。

语言胎教：《面朝大海，春暖花开》

　　《面朝大海，春暖花开》是海子的抒情名篇，写于1989年1月13日。这首诗歌以朴素明朗而又隽永清新的语言，拟想了尘世新鲜可爱、充满生机活力的幸福生活，表达了诗人真诚善良的祈愿，愿每一个陌生人在尘世中获得幸福。"告诉他们我的幸福"，"告诉"意味着沟通，和人们交流、讨论关于幸福的感受和体验，我们所能感受到的"幸福"，往往是一瞬间，如同闪电一般的短暂；而就在"幸福"的那个瞬间，那种感受如同闪电直击心灵，带来巨大的冲击。

《面朝大海，春暖花开》

海子

从明天起，做一个幸福的人，
喂马、劈柴、周游世界。
从明天起，关心粮食和蔬菜，
我有一所房子，面朝大海，春暖花开。
从明天起，和每一个亲人通信，
告诉他们我的幸福。
那幸福的闪电告诉我的，
我将告诉每一个人。
给每一条河每一座山取一个温暖的名字，
陌生人，我也为你祝福。
愿你有一个灿烂的前程，
愿你有情人终成眷属，
愿你在尘世获得幸福，
我只愿面朝大海，春暖花开。

海景系列之一 / （法）克劳德·莫奈

趣味胎教：记录怀孕日记

将怀孕日记作为一份特殊的见面礼送给未来的宝宝。

末次月经日期：（根据末次月经推算预产期）

末次月经日期早孕反应（早孕反应开始的日期和反应程度，进食情况）

接受放射等有毒有害物质（是否做过X射线检查或接触其他放射物质）

阴道流血记录（血色、出血量及是否有其他物质排出）

妊娠反应的症状（具体有哪些反应及程度）

本月异常状况（如体温及血压异常、疼痛、阴道出血、腿水肿、头晕、视力障碍、患病及治疗过程等）

性生活情况（孕早期和孕晚期应适当控制性生活，孕中期的性生活频率也不要过频）

体重（密切关注体重增长情况）

产检（将产检的日期、项目和结果记录下来）

本周重要提示

★ 适当减少性生活 ★

一般来说，孕妈妈过性生活对胎儿的影响主要表现在孕早期和孕晚期。孕早期和孕晚期的性生活会导致孕妈妈紧张，导致流产和早产，要适当控制。其余时间孕妈妈过性生活对胎儿的影响不会太大，但要注意安全。

从孕8周开始到孕12周以前，可以适当减少性生活。这时期胚胎和胎盘正处在形成时期，胎盘尚未发育完善，是流产的高发期，受性生活的刺激，可能引起子宫收缩，加上精液中含有的前列腺素，使高风险人群增加流产的危险，所以高危孕妈妈要避免性生活，特别是有习惯性流产史，已有阴道出血及下腹痛者，应该绝对禁止。其余情况，可向医生咨询，根据孕妈妈的具体情况看，医生会做具体要求。

第七周：胎儿的心脏形成了

孕妈妈 有时候肚子痛，情绪变化大都属于正常现象。
胎 长 13毫米左右。
胎 重 4克左右。

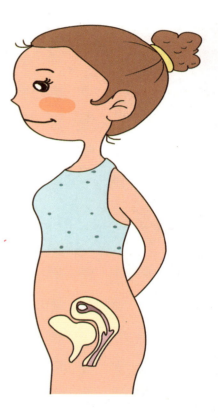

胎儿和孕妈妈的变化

肢体区分出来

突起的鼻子已经在一张一合地运动，能很清楚地看到小黑点一样的眼睛和鼻孔。胎儿的身体也发生了变化，头部将移动到脊椎上面，而且尾巴也逐渐缩短。手臂和腿部明显变长、变宽，所以容易区分手臂和腿部，还能分辨出手和肩膀。

出现恶心呕吐

这个时候，多数孕妈妈会出现恶心呕吐，即"早孕反应"，并有疲劳感，总是有些困倦，心跳加快，新陈代谢率也有所增高。

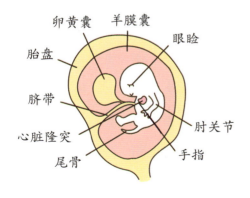

营养胎教：和胎儿一起享受美食

本周营养重点

重点补充

叶酸

适量补充

维生素 A

维生素 C

胎儿最爱的食物

食物	营养素	食物来源	每日建议量	提醒
乳类	可提供蛋白质、钙质、脂肪、糖类等	牛奶、酸奶、奶酪等	1～2杯（每杯250毫升）	如果无法均衡摄取各类营养素，可考虑以孕妇奶粉补足所需
蔬菜类	主要提供矿物质、维生素及膳食纤维	蔬菜种类繁多，包括叶菜类、花菜类、瓜菜类与菌类	300～500克，其中绿叶蔬菜占2/3	品种多样化，要注意烹调方式，多用凉拌或快炒的方式烹调绿叶蔬菜，尽量保留蔬菜中的维生素等营养
主食类	糖类、少量蛋白质、B族维生素及丰富的膳食纤维	米饭、馒头、面条、面包、玉米等	350～450克	偶尔可以用糙米或五谷杂粮代替精制白米，或以全麦馒头代替白面馒头，以吸收更多的营养
水果类	除了含有丰富的维生素、矿物质外，亦提供部分糖分	种类繁多，常见的有苹果、柑橘类、西瓜、梨、桃等	200～400克	水果糖分高，适量食用很重要，尤其是有妊娠糖尿病的孕妈妈，更要控制摄取量
蛋豆鱼肉类	蛋白质和脂肪	鸡蛋、黄豆、豆腐、豆浆、鱼类、虾类、贝类、猪肉、牛肉、鸡肉、鸭肉等	200～250克，其中鱼类、禽类、蛋类各50克	孕妈妈多吃鱼有好处，食用中小型鱼较安全
油脂类	主要提供脂肪	烹调用油（如花生油、葵花籽油及橄榄油）和坚果	20～25克	炒菜时最好选择植物油，两餐之间可以把坚果当零食，奶油饼干及油炸食品要少吃

一周美味食谱

红油双脆

猪小肚、猪肉皮各200克，精盐、鸡精、酱油、香油各1小匙，白糖1/3小匙，红油3大匙。

1 将猪小肚、猪肉皮洗净，放入沸水锅中焯烫一下，捞出刮洗干净。

2 精盐、鸡精、白糖、酱油、香油、红油调匀成红油味汁。

3 锅中加入清水烧沸，放入姜、葱、料酒、猪小肚、猪肉皮煮约1分钟，关火后将汤汁过滤。

4 锅中加入过滤的汤汁，放入猪小肚、猪肉皮煮软，捞出猪小肚，锅内皮冻汁加入精盐、鸡精调味，灌入猪肚中，用线绳扎紧，然后用凉水冲净，凉凉后切片装盘，淋入红油味汁即成。

甜椒炒肉丝

红甜椒、黄甜椒各100克，猪瘦肉150克，青蒜、姜丝各30克，精盐、鸡精、酱油、料酒、甜面酱各少许，鲜汤、水淀粉各3大匙，植物油2大匙。

1　将红甜椒、黄甜椒洗净，去蒂及籽，切成细丝；青蒜择洗干净，切成小段；猪肉洗净，切成长丝，放入碗中，加入少许精盐、水淀粉拌匀上浆。

2　将剩下的精盐、料酒、鸡精、酱油、鲜汤、水淀粉调拌均匀，制成味汁。

3　坐锅点火，加油烧至六成热，先下入猪肉丝快速炒散，再放入甜面酱炒至上色。

4　加入姜丝、青蒜、甜椒丝翻炒均匀，再烹入味汁炒至收汁，即可出锅装盘。

鱼香茭白

茭白500克，泡辣椒段适量，葱末、姜末、蒜末各5克，精盐、豆瓣酱各1小匙，胡椒粉、鸡精、白糖、料酒、米醋各少许，淀粉2小匙，酱油1大匙，香油、辣椒油、清汤、植物油各适量。

1　茭白去皮，洗净，切成厚骨牌片；豆瓣酱用刀剁成细末。

2　碗中加入酱油、清汤、精盐、料酒、米醋、辣椒油、白糖、胡椒粉、鸡精、淀粉调成鱼香汁。

3　锅置火上，加入植物油烧至七成热，放入茭白片滑透，捞出沥油。

4　锅中留底油烧至七成热，下入葱末、姜末、蒜末和豆瓣酱末炒出香味，再放入泡辣椒段煸炒一下。

5　放入茭白片，烹入鱼香汁翻炒均匀，淋入香油，出锅装盘即可。

语言胎教：读儿歌

数字儿歌

《对数儿歌》

我说一，谁对一，哪个最爱把脸洗？　　我说六，谁对六，哪个扁嘴水里游？
你说一，我对一，小猫最爱把脸洗。　　你说六，我对六，鸭子扁嘴水里游。
我说二，谁对二，哪个尾巴像扇子？　　我说七，谁对七，哪个叫人早早起？
你说二，我对二，孔雀尾巴像扇子。　　你说七，我对七，公鸡叫人早早起。
我说三，谁对三，哪个跑路一溜烟？　　我说八，谁对八，哪个鼻子长又大？
你说三，我对三，兔子跑路一溜烟。　　你说八，我对八，大象鼻子长又大。
我对四，谁对四，哪个圆圆满身刺？　　我说九，谁对九，哪个天天沙漠里走？
你说四，我对四，刺猬圆圆满身刺。　　你说九，我对九，骆驼天天沙漠里走。
我说五，谁对五，哪个蹦跳上大树？　　我说十，谁对十，哪个耕地有本事？
你说五，我对五，猴子蹦跳上大树。　　你说十，我对十，黄牛耕地有本事。

动物儿歌

《小蜻蜓》

河面上，蜻蜓飞，
小小蜻蜓爱点水，
我问蜻蜓在干啥？
我在这里生宝宝。

《小青蛙》

小青蛙，学游泳，
头儿高抬两腿儿蹬，
蝉儿唱歌把它夸，
荷叶为它把伞撑。

《大奶牛》

大奶牛呀真叫棒，
走起路来晃呀晃，
吃进青草变出奶，
娃娃喝了长得壮。

> ### ·小贴士·
>
> 　　制作一些彩色动物卡片，拿着卡片，一边抚摸着腹部一边告诉胎儿动物的名字，然后再给胎儿模仿动物的叫声。

美学胎教：名画欣赏《缠毛线》

这段时间孕妈妈的心情会因为受孕激素的影响时好时坏，所以可以通过欣赏一些名画来平静心情。推荐一幅世界名画《缠毛线》。

《缠毛线》是英国画家弗雷德里克·莱顿的作品。弗雷德里克·莱顿是19世纪末英国最有声望的学院派画家。画家描绘了缠毛线的母女两人，年轻的母亲坐在凳子上，姿态优美地绕着毛线，小女孩则全神专注地配合着母亲，扭动着身体。整个画面安静、祥和，让观赏者感到温馨与安宁。

缠毛线／（英）弗雷德里克·莱顿

本周重要提示

★ 预防感冒 ★

孕妈妈一旦患了感冒，应尽快控制感染，排除病毒。如为轻型感冒，卧床休息，多饮水即可。如为重型感冒，应住院治疗。如有高热连续三天以上，病愈后请医生做B超检查胎儿有否畸形。

项目	方法
1	保持清洁，勤洗手
2	毛巾、餐具等物品要单独使用，牙刷保持干净，刷牙后将刷毛朝上
3	尽量远离人群多的公共场所，外出时尽量戴口罩
4	保持室内通风良好

第八周：手臂和腿部开始细分

孕妈妈 产生晨吐，胃开始变得敏感。
胎　长 2厘米左右。
胎　重 6克左右。

胎儿和孕妈妈的变化

明显区分手臂和腿

　　胎儿的双手放在腹部上面，向外弯曲双膝，姿势就像在游泳。此时已经完全可以区分手臂和腿，而且长度也有很大变化，手指和脚趾也成形了。胎儿的皮肤薄而透明，能清晰地看到血管。

情绪变大

　　孕妈妈现在情绪波动很大。孕6～10周是胚胎腭部发育的关键时期，如果孕妈妈的情绪过分不安，会影响胚胎的发育并导致腭裂或唇裂。在怀孕3个月之内，一定坚持补充含有叶酸和微量元素的食物。

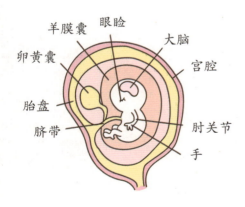

营养胎教：科学饮水

本周营养重点

重点补充

叶酸

适量补充

蛋白质

维生素D

科学的饮水量

对孕妈妈来说，要根据季节、气候以及自身年龄、体重、体质适量补水。一般情况下，在怀孕早期每天摄入的水量以1 600～2 000毫升为宜，孕晚期则控制在1 500～2 500毫升以内。每隔两小时喝1次水，一天保证根据医嘱喝8次。

这些水不能喝

久沸或反复煮沸的开水

水在反复沸腾后，水中的亚硝酸银、亚硝酸根离子以及砷等有害物质的浓度相对增加。喝了久沸的开水以后，会导致血液中的低铁血红蛋白结合成不能携带氧的高铁血红蛋白，从而引起血液中毒。

没有烧开的自来水

因为自来水中的氯与水中残留的有机物相互作用，会产生一种叫"三羟基"的致癌物质。孕妈妈也不能喝在热水瓶中贮存超过24小时的开水，因为随着瓶内水温的逐渐下降，水中含氯的有机物会不断被分解成为有害的亚硝酸盐，对孕妈妈身体的内环境极为不利。

保温杯沏的茶水

因为茶水中含有大量的鞣酸、茶碱、芳香油和多种维生素等。如果将茶叶浸泡在保温杯的水中，多种维生素被大量破坏而营养降低，茶水苦涩，有害物质增多，饮用后会引起消化系统及神经系统的紊乱。

喝水时间有讲究

1.早晨起床后喝一杯温开水，补充睡眠中流失的水分，减低血液浓度，并使血管扩张以促进血液循环。孕吐严重时要少量多次饮水。

2.白天要每隔1～2小时喝1次水，每次喝200毫升即可。

3.晚饭后两小时喝1次水，睡前减少喝水，以免夜间上厕所影响睡眠。

金菇爆肥牛

金针菇200克，肥牛肉片150克，姜丝10克，精盐1/2小匙，料酒、黄油、植物油各1大匙。

1 将金针菇去根，洗净，分成小朵，再放入沸水锅中焯烫一下，捞出沥干；肥牛肉片洗净，放入沸水锅中略焯一下，捞出冲净。

2 炒锅置火上，加入植物油和黄油烧热，先下入姜丝炒出香味。

3 再放入金针菇、肥牛肉片略炒，然后烹入料酒，加入精盐炒匀，即可出锅装盘。

番茄炒豆腐

番茄150克，豆腐350克，青豆粒15克，精盐、鸡精各1/2小匙，白糖、料酒各1小匙，鲜汤150克，水淀粉2小匙，植物油2大匙。

1 将豆腐洗净，切成2厘米见方的块，再放入沸水锅中焯透，捞出沥干。

2 将番茄洗净，用沸水略烫一下，再撕去外皮，切成小丁，加入少许精盐稍腌片刻；青豆粒用清水浸泡，洗净。

3 锅中加油烧热，下入番茄略炒，再放入青豆、豆腐炒匀，然后加入料酒、鲜汤、精盐、白糖、鸡精调味，用水淀粉勾芡，淋入明油即成。

胡萝卜牛腩饭

米饭100、牛肉各100克，胡萝卜、南瓜各50克，高汤、精盐各适量。

1 胡萝卜洗净，切块；南瓜洗净，去皮，切块备用。

2 将牛肉洗净，切块，焯水。倒入高汤，加入牛肉，烧至牛肉八分熟时，下胡萝卜块和南瓜块，加精盐调味，至南瓜和胡萝卜酥烂即可。

3 饭装盆打底，浇上炒好的牛肉。

语言胎教：童言无忌的小故事

《爸爸五岁了》

"小珍，你能说出爸爸今年多大了吗？"幼儿园的老师问。

"爸爸今年五岁了。"小珍回答道。

老师笑了："小珍，难道你爸爸和你一样大？"

"是的，我爸爸亲口对我说过，他是从我出生那天开始当爸爸的。"

《给妈妈点歌》

那天我在宿舍听广播，听到一个很小的女孩给她的妈妈点歌，她说妈妈很辛苦，星期天也不能休息，要到书店买好多习题集给她做，于是她就想为妈妈点一首歌。主持人一听，感动地说："多懂事的孩子啊！请问你想为妈妈点什么歌？"小女孩用稚气的声音说："我想点辛晓琪的《女人何苦为难女人》。"

《星星会闪耀》

一位乘客带着女儿坐在飞机上，空中小姐问这个可爱的小女孩说："为什么飞机飞这么高，都不会撞到星星呢？"小女孩回答："因为星星会'闪'啊！"

《到底有多远》

去年夏天，我们一家人开车去佛罗里达州的迪斯尼乐园玩，出发前，我告诉孩子，旅程很长，谁也不许问"还有多远"、"什么时候到"之类的问题。旅程刚开始，果然没有人提问题。到了第三天晚上9点钟，5岁的小女儿苔丝叹了一口气，说："等我们到达，我会不会已经6岁了？"

《听妈妈的话》

母亲节快到了，我问妈妈想要什么礼物？

妈妈说："只要你乖乖的，听妈妈的话就好了，妈妈不要什么礼物。"

既然如此，我想等我生日的时候，我也不要什么礼物，只要妈妈听我的话就好了！

《我想要一只狗》

安娜的妈妈又怀孕了，她问安娜："你希望妈妈再给你带来个弟弟呢，还是妹妹？"安娜想了想说："我只想要一只小狗。"

《从哪里来的》

有个小男孩问他的妈妈："妈妈，我到底是从哪里来的？"妈妈觉得这个问题不好回答，但应该趁此机会教育小孩，就一本正经地以猫狗为例，支吾地谈及生殖的过程。儿子听完后，一头雾水地说："怎么会这样？我的同桌说他是从山西来的！

运动胎教：动动手指来做操

步骤1：我是一个大苹果。（双手张开比划成"大"苹果）

步骤2：小朋友们都爱我。（双手示指点着前面的人）

步骤3：请你先去洗洗手。（双手做洗手的动作）

步骤4：要是手脏。（用右手示指点着左手手掌）

步骤5：别碰我！（挥动右手表示"不"）

情绪胎教：做母亲的感觉

做母亲是怎样的感觉？是期盼？是幸福？还是有些激动或者莫名的紧张和不安？也许你已经习惯了做一个好女儿，却没有想到今天自己也成了母亲，那复杂的情绪一时难以言表。

《开始》

朱自清

"我是从哪来的，你，在哪儿把我捡起来的？"孩子问他的妈妈说。

她把孩子紧紧地搂在胸前，半哭半笑地答道---

你曾被当做我的心愿藏在我心里，我的宝贝。

你曾存在于我孩童时代玩的泥娃娃身上，每天早晨，我用泥土塑造我的神像，那时我反复地塑了又捏碎了的就是你。

你曾和我们的家庭的守护神一同受到祀奉，我崇拜家神时也就崇拜了你。

你曾活在我所有的希望和爱情里，活在我的生命里，我母亲的生命里。

在主宰着我们家庭的不死的精灵的膝上，你已经被抚育了好多代了。

在我做女孩子的时候，我的心的花瓣儿张开，你就像一股花香似的散发出来。

你的软软的温柔，在我青春的肢体上开花了，像太阳出来之前的天空的一片曙光。

上天的第一宠儿，晨曦的孪生兄弟，你从世界的生命的溪流浮泛而下，终于停泊在我的心头。

当我凝视你的脸蛋儿的时候，神秘之感湮没了我；你这属于一切人的，竟成了我的。

为了怕失掉你，我把你紧紧地搂在胸前。是什么魔术把这世界的宝贝吸引到我这双纤小手臂里来的呢？

本周重要提示

★ 避开惹不起的噪音 ★

在生活和工作中，尽可能创造条件，把接触噪声的机会降到最小限度。

避开惹不起的噪音	
1	在条件允许的情况下调换居住地点，要有意识地避开建筑工地等噪声强度大的场所
2	改换工种，脱离噪声强度超过国家卫生标准的工作
3	减少去闹市区的次数，尽量避免汽车与人群的嘈杂声
4	不去歌厅等嘈杂的娱乐场所
5	把家中电视机、录音机音量关小，要保证音强的适度
6	将床远离空调和电冰箱
7	避免家庭成员经常性吵闹等，过年时最好同震耳的、持续的鞭炮声保持远距离
8	胎教音乐也要符合频率、音强等方面的要求，从而保护胎儿的健康发育
9	在居室内摆放一些花草，吸收一定的噪声

第三章

孕三月 胎儿初具人形

第九周：胎儿长出手指和脚趾

孕妈妈 　小腹微微隆起。
胎　长 　2～2.5厘米。
胎　重 　8克左右。

胎儿和孕妈妈的变化

尾巴消失了

胎儿的尾巴开始消失，背部挺直。手臂逐渐变长，同时形成了手臂关节，所以可以随意弯曲，而且形成了手指和指纹。腿部开始区分为大腿、小腿和脚，同时形成脚趾。

乳房变大并可摸到肿块

从怀孕9周开始乳房会明显变大，有时还会伴随疼痛，偶尔能摸到肿块。这也是怀孕时激素导致的结果，所以不用过于担心。下腹部和肋部开始出现疼痛，双腿麻木，同时又紧绷得发痛，腰部也会逐渐酸痛。

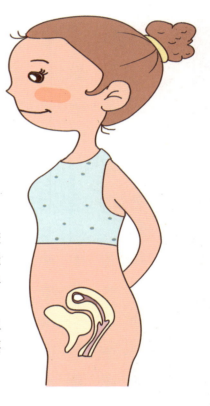

营养胎教：坚持喝孕妇奶粉

本周营养重点

重点补充

叶酸

适量补充

蛋白质　水

为什么要喝孕妇奶粉

孕早期，只要孕妈妈能够做到膳食平衡、营养全面，日常饮食就可以满足自身和胎儿对营养的需求。但日常生活中存在很多客观因素，如因为早孕反应而厌食或饮食不规律，肠胃吸收消化功能弱，经常在外就餐等情况，孕妈妈很难做到营养均衡，因此需要额外补充营养，喝富含DHA、维生素和矿物质的孕妇奶粉作为补充还是可以的。

什么时候开始喝孕妇奶粉

孕前

在准备怀孕的前三个月就可以开始喝孕妇奶粉，每天喝一杯（约250毫升），以保证各类营养素的储备在孕早期达到理想水平。

孕早期

孕早期，胎儿还很小，发育也很缓慢，孕妈妈本身所需要的营养与怀孕前基本相同，同时早孕反应困扰着孕妈妈，孕妈妈可能喝不下孕妇奶粉，此阶段不喝孕妇奶粉也是可以的。

孕中期和孕晚期

孕中期和孕晚期，早孕反应已经减退，孕妈妈的胃口大开，胎儿的发育也进入快速阶段，所需要的营养大大增加，因此孕妈妈要坚持每天喝孕妇奶粉，以补充营养。

如何挑选孕妇奶粉

从声音判别优劣

虽然奶粉装在袋中看不见，但可以用手捏住包装摇动，听听是否会发出"沙沙"的声音，并声音清晰的奶粉为质量较好的奶粉。

查看奶粉的色泽

优质的孕妇奶粉颜色一般为乳白色或乳黄色，颗粒均匀一致，产品中无可见杂质，无结块现象。把奶粉放入杯中用温开水冲调，如果是优质奶粉，静置几分钟后，水与奶粉就会溶在一起，没有沉淀。

有无异常气味和味道

优质的奶粉具有奶香味和轻微的植物油味，无异味，并且甜度适中。

查看包装

正规厂家的奶粉包装完整无损、平滑整齐、图案清晰，印刷质量高；清楚地标有商标、生产厂名、生产日期、生产批号、净含量、营养成分表、执行标准、适用对象、食用方法等。

双冬豆皮汤

豆腐皮3张，冬菇2朵，冬笋50克，葱花、姜末各10克，精盐、鸡精、香油各1/2小匙，酱油2小匙，植物油2大匙，鲜汤500克。

1 将豆腐皮上笼蒸软，取出，切成菱形片；冬菇用温水泡发，除去杂质，洗净，切成丝；冬笋去皮，洗净，切成小片。

2 锅中加入植物油烧热，先下入葱花、姜末炒香，添入鲜汤，放入冬菇丝、冬笋片、豆腐皮烧沸。

3 撇去浮沫，再加入鸡精、精盐、酱油调好口味，淋入香油，出锅装碗即成。

糖醋酥鱼片

净鲤鱼肉400克，面包糠适量，鸡蛋2个，葱花、姜末、蒜末各15克，精盐1小匙，胡椒粉、鸡精、酱油各少许，米醋、料酒、香油各2小匙，白糖、水淀粉各3大匙，鲜汤、植物油各适量。

1 精盐、酱油、米醋、料酒、胡椒粉、白糖、水淀粉、鸡精、香油、鲜汤调匀成味汁。

2 净鲤鱼肉切成小片，加入料酒、精盐拌匀，再磕入鸡蛋，加入水淀粉搅拌均匀。

3 锅中加入植物油烧至五成热，把鱼片裹匀面包糠，放入油锅内炸至表皮酥香，捞出鱼片，沥干油分，码盘。

4 锅中留底油，复置火上烧热，放入葱花、姜末、蒜末炒香，烹入味汁炒至浓稠，出锅浇淋在鱼片上即成。

情绪胎教：远离孕期抑郁症

孕期抑郁症小测验

孕妈妈不良的情绪会增加胎儿在发育过程中的危险，因此孕妈妈要及时发现自己是否有抑郁倾向，学会管理自己的情绪。

是与否	具体表现
☐	每天大部分时间对所有或大多数平时感兴趣的活动失去了兴趣
☐	体重显著下降或增加（正常体重的5%），食欲显著降低或增加
☐	每天失眠或睡眠过多，白天昏昏欲睡
☐	每天精神亢奋或萎靡不振
☐	每天感到疲劳，缺乏精力
☐	每天感到自己没有价值，或者自责自贬
☐	每天注意力和思考能力下降，作决定时犹豫不决
☐	脾气变得暴躁，经常发脾气
☐	有反复自杀的意念或企图
☐	认为永远不可能再有属于自己的私人时间
☐	和朋友、邻居都很淡漠，几乎没有交往过
☐	害怕离开家或独自在家

如果孕妈妈在连续两周内表现出上述症状中4种及4种以上，则说明可能已经患上孕期抑郁症，如果其中一种或两种情况在近期特别严重，则必须引起高度重视，及时就医。

缓解抑郁情绪小妙招

情绪不好的时候不要吃太多的肉类和甜食，因为这些酸性食物会使孕妈妈更加烦躁。

自我治愈

方法	具体做法
告诫法	想象着胎儿正在看着自己，告诉自己不要生气，凡事没有完美
转移法	离开使自己感到不开心的环境
协调法	每天和丈夫在宁静的环境中散散步，说说夫妻间的恩爱往事
呼吸法	当心情烦躁时深呼吸，放松全身，微闭双目，用鼻子慢慢吸气，以5秒钟为标准，再用10秒钟通过嘴慢慢呼气，反复呼吸3分钟，放松心情
美容法	经常改变自己的形象，换一个发型，穿上自己喜欢的衣服，保持良好的心境

寻求贴心支持与帮助

1.保证每天和准爸爸的亲昵交流时间，获得丈夫的关爱。

2.向亲人和朋友表达自己的情绪，将不良情绪及时宣泄出去。

3.适度地上网，阅读育儿书籍，观看积极向上的电视节目，与其他孕妈妈交流怀孕心得，分享怀孕的喜悦。向有过生产经验的同事、朋友咨询经验。

4.将自己置身于积极、阳光的人群中，获得乐观向上的心态，抵御抑郁情绪。

"杜拉拉"孕妈妈如何减压

1.饮食定时定量，营养丰富，休息充分，适当锻炼，不要喝酒、吸烟。

2.不要太在意压力，采取一切可行措施，解决引起压力的问题。要多听轻快、舒畅的音乐，让优美的乐曲来化解精神的疲惫。

3.安排自己的日程，让自己有时间去做放松的事情。冥想、按摩疗法、深呼吸，看书都可以使自己放松。

4.孕妈妈每日工作时间不应超过8小时，并应避免上夜班。工作中感到疲劳时，在条件允许的情况下，可稍休息10分钟左右，也可到室外、阳台或楼顶呼吸新鲜空气。长时间保持一种工作姿势的孕妈妈，中间可不时变动一下姿势，如伸伸胳膊动动脚，以解除疲劳。

美学胎教：名画欣赏《金色的秋天》

推荐孕妈妈欣赏俄国著名风景画家列维坦的名作《金色的秋天》。列维坦被称为"色彩抒情诗人"，他的画是俄罗斯大自然的象征，画家用自己的色彩勾勒出了俄罗斯独特的风光。

列维坦的这幅《金色的秋天》创作于1895年，画面充满了阳光，湛蓝的天空，仿佛活生生的会呼吸似的，天空飘浮着灰白色的云，阳光穿过云朵照耀在同样蓝的发亮的小溪上，田野正在由绿变黄，树叶已全部变成金黄色，清晰可见的笔触宣泄着画家心中涌动的激情湛蓝的天空。画家运用潇洒稳健的笔触和色块，高度概括地描绘了俄罗斯金黄色秋天的自然景象。这幅画是一首秋天的颂歌，观赏者看后顿觉心旷神怡，一扫心中的灰暗。

金色的秋天／（俄）伊萨克·列维坦

运动胎教：全身运动

孕早期是胎儿各种细胞迅速分裂成长的时期，脑细胞和心脏等重要器官也都在这个时期形成。为了让孕妈妈有一个平和的心态，适量运动很有必要。孕妈妈在这一时期不适宜做过于用力的动作，练习的姿势尽量以稳定心神为主。

侧腰式

1.坐在凳上，两腿分开。
2.吸气，右臂向上伸展。
3.呼气，向左侧伸展。
4.放松身体于小圆凳上。

> 注意：不要屏住呼吸，幅度不要过大。

大地致敬式

1.两腿分开与髋部同宽，山式站立，双手合十在胸前。
2.吸气，抬头，伸展两臂向天空，扩展胸腔和腹腔。
3.呼气，脚尖向旁，下蹲，两手合十，肘部抵着膝盖内侧。
4.两手贴地，伸展右腿向旁。
5.吸气，右腿迈向前方，伸展两臂向上。
6.呼气，重心向后移动，挺直右腿，勾脚。双手贴地，伸展脊椎，上身向前。
7.右腿向后移动。吸气，伸展脊椎，抬头抬臀。
8.呼气，臀部向后，落在脚跟上，呈雷电坐。

> 注意：动作不要过猛，要缓慢地进行。

本周重要提示

✦ 一次办好准生证 ✦

准生证是宝宝来到这个世界前的"临时身份证"，一般在怀孕12周左右办理。

所需证件	
1	夫妻的户口本原件及复印件（需要复印户主页和本人页）
2	夫妻的身份证原件及复印件（正反两面都要复印）
3	结婚证原件及复印件
4	夫妻双方近期1寸免冠照片各数张

第十周：全面进入胎儿期

孕妈妈 早孕反应开始减轻，身体疼痛，性欲降低。
胎　长 4厘米左右。
胎　重 10克左右。

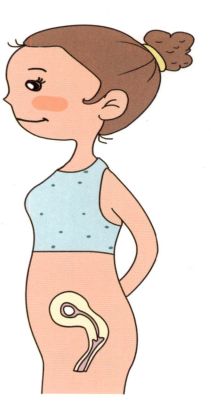

胎儿和孕妈妈的变化

生殖器官开始形成

在接下来的时间里，胎儿会不断地进行细胞分裂，逐渐拥有人的形状。进入胎儿期以后，怀孕初期先天性畸形的发病率会降低。此时，胎儿生殖器官开始形成。

变得像个孕妇了

孕早期即将要结束了，这段时期孕妈妈是否已经注意到自己的要变粗了，感觉自己变得更像孕妇了。孕妈妈还有可能会发现小腹部有一条浅色的竖线颜色变深，这就是初期的妊娠纹，不必太担心。

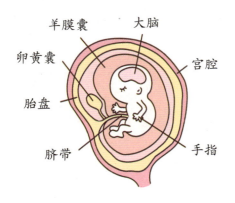

营养胎教：补充DHA

本周营养重点

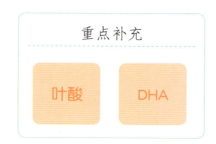

重点补充

叶酸　　DHA

适量补充

维生素A　　碘

了解DHA、EPA

DHA，二十二碳六烯酸的英文缩写，俗称脑黄金，是一种对人体非常重要的多不饱和脂肪酸。DHA是神经系统细胞生长及维持的一种主要元素，是大脑和视网膜的重要构成成分，在人体大脑皮层中含量高达20%，在眼睛视网膜中所占比例最大，约占50%，因此，DHA对胎儿的智力和视力发育至关重要。

EPA，二十碳五烯酸的英文缩写，是人体自身不能合成但又不可缺少的重要营养素，因此称为人体必须脂肪酸。

食物中的DHA

藻类

藻类中DHA含量高，EPA含量低，并且能量直接从海洋中获取，不含色素，安全性高，抗氧化能力强，最有利于吸收。因此，孕妈妈宜首选藻类DHA制品。

干果类

如核桃、杏仁、花生、芝麻等。其中所含的 α-亚麻酸可在人体内转化成DHA。

鱼类

DHA含量高的鱼类有鲔鱼、鲣鱼、鲑鱼、鲭鱼、沙丁鱼、竹荚鱼、旗鱼、金枪鱼、黄花鱼、秋刀鱼、鳝鱼、带鱼、花鲫鱼等。就鱼的身体部位所含的营养而言，DHA含量高的部分又首推眼窝脂肪，其次则是鱼油。

留住鱼中的DHA

吃鱼时，不同的烹调方法会影响对鱼体内不饱和脂肪酸的利用率。想要100%地摄取DHA和EPA，首先烹调方法是生食，其次是蒸、炖、烤。但是没有必要认为吃鱼非要生吃不可，或者绝对不能炸着吃。

在炸鱼的时候，尽量不要用玉米油及葵花籽油，因为此类食用油中含有亚油酸，会妨碍DHA和EPA的吸收。

鱼类的干制品通常是将鱼剖开在太阳下晒干而成的，虽然长时间与空气和紫外线接触，但损失的DHA和EPA可以忽略不计。鱼类罐头产品，根据其加工方法，其营养物质的损失有所不同，烤、炖的做法可保留DHA和EPA80%的含量。

锅焖黑椒猪手

猪蹄2个（约800克），油菜心50克，葱段、姜片各15克，桂皮、八角、花椒、精盐、鸡精各少许，白糖1小匙，酱油3大匙，料酒5大匙，黑椒汁、水淀粉各2大匙。

1 油菜择洗干净，放入加有少许精盐的沸水中焯透，捞出装盘。

2 猪手刮洗干净，切成块，用桂皮、八角、花椒、葱、姜略腌，再放入热油中炒至上色。

3 加入精盐、鸡精、料酒、黑椒汁，加盖焖煮1小时，再淋入水淀粉、明油，捞出装盘。

时蔬鸡蛋炒饭

大米饭200克，香菇丁50克，胡萝卜、生菜丝各适量，鸡蛋1个，葱花15克，植物油1大匙，鸡精1小匙，精盐1/2小匙。

1 将鸡蛋磕入碗中，搅成蛋液；香菇丁和胡萝卜丁分别下入沸水中焯透，捞出沥干。

2 炒锅上火，加入植物油烧至六成热，先放入鸡蛋液炒至定浆。

3 再下入葱花炒香，然后加入香菇、胡萝卜、大米饭炒匀，再放入精盐、鸡精、生菜丝炒至入味，即可装盘上桌。

趣味胎教：动手玩折纸

有趣的折纸游戏可不是小朋友的专利，孕妈妈不妨试一试，手指动一动，胎儿更聪明。

步骤1：将正方形纸对折，然后展开，在中间留下一条折痕。

步骤2：将左右两个边向折痕折叠后打开。

步骤3：将纸张沿不同方向再次对折。然后展开。

步骤4：将上下两个边向折痕折叠后打开。

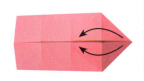

步骤5：按照箭头所示，用手指分别打开右边的上下两个边。

步骤6：将折叠后的三角形还原。将折纸左边的矩形向后翻折。

步骤7：将整个折纸的上部向后折。

步骤8：按箭头所示，将右边的三角形展开。

步骤9：将右边三角形两个顶角向上翻折。将右边四边形的底角向后折。

步骤10：如图所示将左边角向右边折叠。

语言胎教：一起唱儿歌

今天给胎儿讲些什么呢？读几首朗朗上口的童谣吧！

《堆雪人》

天上雪花飘，我把雪来扫。

堆个大雪人，头戴小红帽。

安上嘴和眼，雪人对我笑。

《拍手歌》

你拍一、我拍一，天天早起练身体。

你拍二、我拍二，天天都要带手绢。

你拍三、我拍三，洗澡之后换衬衫。

你拍四、我拍四，消灭苍蝇和蚊子。

你拍五、我拍五，有痰不要随地吐。

你拍六、我拍六，瓜果皮核不乱丢。

你拍七、我拍七，吃饭细嚼别着急。

你拍八、我拍八，勤剪指甲常刷牙。

你拍九、我拍九，吃饭之前要洗手。

你拍十、我拍十，脏的东西不能吃。

《红气球、绿气球》

红气球、绿气球，长长尾巴圆圆头，

好像只只花蝌蚪，跟着个个小朋友。

小朋友，一松手，蝌蚪就向天上走。

《做早操》

早晨空气真叫好，我们起来做早操。

伸伸臂，弯弯腰，踢踢腿，蹦蹦跳，

天天锻炼身体好。

《小雨点》

小雨点，沙沙沙，

落在小河里，青蛙乐得呱呱呱。

小雨点，沙沙沙，

落在大树上，大树乐得冒嫩芽。

小雨点，沙沙沙，

落在马路上，鞋子啪叽啪叽啪。

《七个果果》

一二三四五六七，七六五四三二一。

七个阿姨来摘果，七个篮子手中提。

七个果子摆七样，

苹果、桃儿、石榴、柿子、李子、栗子、梨。

音乐胎教：胎教名曲推荐

此时期的胎儿虽然听觉器官还没有成熟，但是已经有知觉了。他可以从羊水的震荡中听到妈妈心跳和声音。孕妈妈可以选择更多的胎教音乐和胎儿一起欣赏。

	中国乐曲		外国乐曲
钢琴名曲	《牧童短笛》	贝多芬	《G大调小步曲》 《月光》
古典音乐	《春江花月夜》 《高山流水》 《梅花三弄》 《阳春白雪》	柴可夫斯基	《小天鹅舞曲》 《糖果仙子》
校园歌曲	《同桌的你》 《外婆的澎湖湾》 《蜗牛与黄鹂鸟》 《乡间小路》	肖邦	《小狗圆舞曲》 《g小调夜曲》
		舒伯特	《鳟鱼》 《美丽的磨坊少女》
儿童歌曲	《两只老虎》 《小燕子》 《种太阳》 《让我们荡起双桨》	约翰·施特劳斯	《蓝色多瑙河》 《维也纳森林的故事》

本周重要提示

★ 去医院建档 ★

一般情况下在怀孕3～4个月时带上身份证、医保卡、准生证到医院建档，各地医院的规定可能不同，在去之前最好打电话咨询清楚，以免忘记某些证件来回奔波。建档的同时要进行第一次产检，包括身高、体重、血压、宫高、腹围、胎心、胎位、血常规、尿常规、心电图等。如果各项检查结果都合格，医院就会为孕妈妈建档了。

在医院建立怀孕档案，此后的每一次产检都会被详细地记录下来，这样就能够更加全面地了解孕妈妈的身体状况和胎儿的发育情况，以便更好地应对孕期可能出现的突发情况。医生会根据档案中的记录做出孕期判断。

选择在哪家医院生产，就要在哪家医院建立档案，最好不要中途转院，以确保信息的完整性和连续性。

第十一周：胎儿迅速成长

孕妈妈 现在变得舒服了。
胎　长 6.5厘米左右。
胎　重 12克左右。

胎儿和孕妈妈的变化

脊柱轮廓清晰可见

此时的胎儿虽小，但成长迅速。从脊髓伸展的脊椎神经特别发达，能清晰地看到脊柱轮廓，而且头部占全身长度的一半左右。额头向前突出，头部变长，已形成了下颌。同时，脸部还能大致区分出眼睛、鼻子和嘴巴。

子宫在增大

身体的外形逐渐出现变化，还能感觉到子宫的增大，大多数孕妈妈会出现便秘，同时阴道分泌物增加。这个时期孕妈妈的基础代谢率比怀孕前增加25%左右，因此应该充分摄取蛋白质和热量。

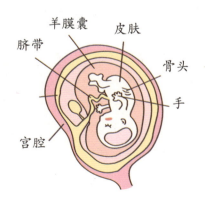

营养胎教：吃水果有讲究

本周营养重点

重点补充
叶酸　钙

适量补充
锌　B族维生素

一些水果不能多吃

山楂

山楂能活血化瘀通经，对子宫有一定的收缩作用，在怀孕早期应注意要少量食用，有流产史或有流产征兆的孕妈妈应忌吃，即使是山楂制品也不能大量食用。

柑橘

因为柑橘性温味甘，补阳益气，过量食用反而于身体无补，容易引起燥热而使人上火，发生口腔炎、牙周炎、咽喉炎等。

西瓜

吃过多西瓜容易造成孕妈妈脱水。胎动不安和胎漏下血，有早产症状者的孕妈妈要忌吃。而且西瓜含糖量较高，吃多了容易造成妊娠糖尿病。

猕猴桃

猕猴桃性寒，故脾胃虚寒者应慎食。经常性腹泻和尿频者不宜食用。有先兆性流产现象的孕妈妈千万不可吃猕猴桃。

荔枝、桂圆

怀孕之后，体质一般偏热，阴血往往不足。一些热性的水果应适量食用，否则容易产生便秘、口舌生疮等上火症状。

菠萝、香蕉、葡萄、石榴和杏

这些水果都要适量吃。菠萝、香蕉、玫瑰香葡萄等水果含糖量都较高，肥胖、有糖尿病家族史的孕妈妈应少吃为妙，以免摄入过多糖分。如果有贫血现象，还应该少吃石榴和杏。

水果的性质分类

性质	水果
热性水果	大枣、山楂、樱桃、石榴、荔枝、青果、榴莲、木瓜、橘、柑、白果等
凉性水果	西瓜、甜瓜、梨、香蕉、桑葚等
中性水果	葡萄、苹果、桃、杏、菠萝、龙眼、甘蔗、乌梅等

蔬菜豆皮卷

豆皮1张，绿豆芽50克，胡萝卜丝20克，甘蓝菜丝40克，豆干50克，精盐、香油各适量。

1 先将甘蓝菜洗净、切丝；胡萝卜洗净、去皮、切丝；绿豆芽洗净，豆干洗净；切丝备用。

2 将所有准备好的原料用热水烫熟，然后加精盐和香油拌匀。

3 将拌好的原料均匀放在豆皮上，卷起，用中小火煎至表皮金黄；待放凉后切成小卷，摆入盘中即可食用。

蒜香蒸海蛏

大海蛏5只，粉丝适量，蒜蓉、香葱末、精盐、鸡精、胡椒粉、白糖、植物油各少许。

1　将粉丝用清水泡软，沥干后剪成小段，再加入精盐、鸡精拌匀；大海蛏去壳，用清水洗净，放回原壳中，再放上粉丝段。

2　锅中加上植物油烧热，下入一半蒜蓉炸至金黄色，倒入小碗中，加入剩余的蒜蓉、精盐、鸡精、胡椒粉、白糖调匀成味汁。

3　把调好的味汁浇在海蛏和粉丝上，然后入锅蒸至熟，取出装盘，撒上香葱末即可。

上汤浸菠菜

菠菜300克，胡萝卜25克，草菇20克，枸杞子15克，松花蛋1/2个，姜片10克，精盐1小匙，鸡精、香油各1/2小匙，猪骨汤4大匙，植物油2大匙。

1　菠菜择洗干净，放入沸水中焯透，捞出沥干，装入碗中。

2　胡萝卜洗净，切花，草菇洗净，切片，一起用沸水略焯，捞出沥干；松花蛋切成小块。

3　锅中加入植物油烧至六成热，先下入姜片、松花蛋略煎一下。

4　再添入猪骨汤，放入枸杞、胡萝卜、草菇、精盐、鸡精烧开，然后淋入香油，浇在菠菜上即可。

趣味胎教：猜猜动物谜语

身体越来越沉重，情绪也起伏不定，孕妈妈放松心情，和胎儿一起猜猜谜语吧！

题目

1.一物真奇怪，肚下长口袋，跑得不快跳得快。

2.不走光跳，吵吵闹闹，吃虫吃粮，功大过小。

3.凸眼睛，阔嘴巴，好像一朵大红花。

4.远看是颗星，近看像灯笼，到底是什么，原来是只虫。

5.白天总睡觉，晚上忙不停，打猎一辈子，只在屋里行。

6.沙漠一只船，船上载大山。

7.小小一条龙，胡须硬似粽，活着没有血，死了满身红。

8.小姑娘，穿红袄，专吃蚜虫本领高。

9.身披花棉袄，唱歌呱呱叫，田里捉害虫，丰收立功劳。

10.前有毒夹，后有尾巴，全身二十一节，中药铺要它。

11.叫马不像马，长个宽嘴巴，天天下河塘，从不捉鱼虾。

12.身穿黑缎袍，尾巴像剪刀，冬天向南去，春天回来早。

选项

A.袋鼠☐　B.考拉☐　C.袋狼☐

A.燕子☐　B.麻雀☐　C.青蛙☐

A.牛☐　　B.金鱼☐　C.马☐

A.蜜蜂☐　B.苍蝇☐　C.萤火虫☐

A.猫头鹰☐ B.猫☐　　C.狗☐

A.马☐　　B.骡子☐　C.骆驼☐

A.虾☐　　B.螃蟹☐　C.海螺☐

A.蜻蜓☐　B.螳螂☐　C.七星瓢虫☐

A.蟾蜍☐　B.青蛙☐　C.燕子☐

A.蜘蛛☐　B.蝎子☐　C.蜈蚣☐

A.角马☐　B.河马☐　C.斑马☐

A.喜鹊☐　B.燕子☐　C.乌鸦☐

答案

1.A（袋鼠）　　7.A（虾）

2.B（麻雀）　　8.C（七星瓢虫）

3.B（金鱼）　　9.B（青蛙）

4.C（萤火虫）　10.B（蝎子）

5.B（猫）　　　11.B（河马）

6.C（骆驼）　　12.B（燕子）

语言胎教：诗朗诵《致大海》

推荐孕妈妈给胎儿朗诵舒婷的《致大海》。舒婷，中国著名女诗人。舒婷和同代诗人顾城、梁小斌等以迥异于前人的诗风，在中国诗坛上掀起了一股"朦胧诗"大潮。《致大海》是朦胧诗潮中的优秀作品。

日出·印象／（法）克劳德·莫奈

《致大海》（节选）

舒婷

大海的日出，
引起了多少英雄由衷的赞叹。
大海的夕阳，
招惹多少诗人温柔的怀想。
多少支在峭壁上唱出的歌儿，
还由海风日夜，
日夜地呢喃。
多少行在沙滩上留下的足迹，
多少次向天边扬起的风帆，
都被海涛秘密，
秘密的埋葬。
有过咒骂，有过悲伤，
有过赞美，有过荣光。
……

本周重要提示

 安全使用化学用品

双手经常接触洗涤剂，其有害化学成分会经皮肤渗透或进食时随食物进入体内。这就需要孕妈妈在使用化学品时使用一些方法，尽量减少与它们接触的机会。

安全使用化学用品	
戴手套	在清洗衣物和餐具时可以戴上橡胶手套，避免洗涤剂直接接触皮肤
减少用量	使用洗涤剂时要牢记"能不用就不用，能少用不多用"的原则，尽量减少使用量。用吃剩下的米汤或米饭清理餐具，可去除餐具上的大部分油渍；对于没有油污的餐具，只要在沸水中浸泡杀菌即可
选购性质温和制品	在购买洗涤剂时，最好先看看它的成分，选择那些添加剂少、性质温和的产品，然后打开盖子闻一闻，气味清淡的为佳，如果气味刺鼻，则尽量不要购买

第十二周：胎儿长大两倍左右

孕妈妈　仍要避免性生活，谨防流产。
胎　长　7.5～9厘米。
胎　重　15克左右。

胎儿和孕妈妈的变化

长出了手指甲

怀孕10～12周，胎儿会迅速成长，身体会长大两倍左右，而其脸部结构已基本形成。虽然没有生成新的器官，但是巩固了几周前初长成的身体器官。胎儿的肌肉已非常发达，可以在羊水中自由地活动。手指和脚趾开始分叉，也长出了手指甲。

出现眩晕症状

随着子宫上移到腹部，膀胱的压迫会减轻，但是支撑子宫的韧带会收缩，因此容易导致腰痛。此时，由于提供给大脑的血液不足而引起暂时缺血，孕妈妈容易出现晕眩症状。

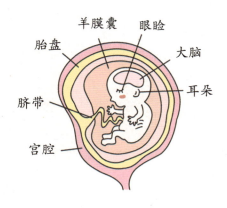

羊膜囊　眼睑
胎盘
大脑
脐带
耳朵
宫腔

营养胎教：关注镁元素

本周营养重点

重点补充

叶酸　镁

适量补充

蛋白质　维生素E

镁元素——强健胎儿肌肉

　　镁不仅对胎儿的肌肉健康至关重要，而且也有助于骨骼的正常发育。近期研究表明，孕早期摄取的镁的数量关系到新生儿的身高、体重和头围大小。在色拉油、绿叶蔬菜、坚果、大豆、南瓜、甜瓜、葵花籽和全麦食品中都含有一定量的镁。镁对孕妈妈的子宫肌肉恢复也有帮助。怀孕后期，如果孕妈妈体内镁含量下降，有可能会导致阵痛。

品种	食物
谷类	荞麦面，小麦，玉米，高粱
豆类	黄豆，黑豆，蚕豆，豌豆，豇豆，豆腐皮，花生
果蔬菜类	芥菜，芥蓝，干辣椒，干蘑菇，冬菇，紫菜，洋桃，桂圆，虾米，芝麻酱
海产品类	虾米含镁最多，每100克中含460毫克

利用饮食预防流产

　　怀孕12周的孕妈妈可以利用饮食来预防流产。

　　1.补充维生素E：维生素E具有保胎的作用，它广泛存在于松子、核桃、花生、豆制品之中，不妨多加食用。

　　2.不要乱进补：有些人认为"吃补药总不会错"，于是擅自滥补人参、桂圆等大补元气之品，其结果有可能事与愿违，对母婴不利。一切温热、大补之品，孕妈妈均不宜服。孕期进补应遵循医生的嘱咐进行。

一周美味食谱

老妈带鱼

带鱼500克。葱末、姜末各15克，泡红辣椒50克，精盐、鸡精、米醋各少许，番茄酱、红油、料酒各1大匙，植物油适量。

1 带鱼洗净，切成段，加入葱末、姜末、料酒、精盐、鸡精、米醋腌约15分钟，再放入热油锅中炸至金黄色，捞出沥油。

2 锅中加入红油、番茄酱、泡红椒炒至上色，再加入适量清水烧沸。

3 放入炸过的带鱼焖至入味，再改用小火收浓汤汁，淋入香油，出锅装盘即可。

青柠煎鳕鱼

鳕鱼450克，青柠檬1/2个，蛋清1个，植物油、淀粉、精盐各适量。

1　将鳕鱼洗净，切块。

2　鳕鱼内加入精盐腌制片刻，挤入少许青柠檬汁。

3　将备好的鳕鱼块裹上蛋清和淀粉。锅内放油烧热后，放入鳕鱼煎至金黄，装盘时点缀青柠片即可。

音乐胎教：激昂的《春之声圆舞曲》

春之声圆舞曲，作品第410号，是奥地利著名音乐家小约翰·施特劳斯的不朽名作，作于1883年。当时作者已年近六旬，但此曲依然充满活力，处处散发着青春的气息。曲中生动地描绘了大地回春、冰雪消融、一派生机的景象，华丽敏捷的旋律如春天的气息扑面而来，洋溢着青春活力。

伴随着轻快的舞曲，孕妈妈是不是也心情大好，忍不住要跳起华尔兹了呢？

小鸟欢乐地唱着，在山谷中清脆地回响。

阳光照耀在草地上，闪耀着七色光芒。

啊，春天身着飘逸的裙装，和我们在一起，

共同沐浴着明媚的阳光，忘掉烦恼与忧愁。

在这晴朗的日子里，我们尽情地奔跑，欢笑，游玩！

语言胎教：妈妈儿时的故事

孩子的话语总是那么富有创意，总带给大人意外的惊喜。今天读一个《孔融让梨》的故事，和妈妈一起回忆儿时的童趣。

孔融让梨

从前，有个叫孔融的小朋友，他有五个哥哥，因为孔融年龄最小，哥哥们都特别疼爱他。

一天，爸爸带回来一篮子新鲜的梨，看上去又大又好吃，哥哥们都舍不得先吃，就让孔融先去挑。孔融把篮子里的梨挨个看一遍，最后他拿起那个最小的梨说："我要吃这个。"

爸爸看到了，笑着问孔融："这么多的梨，又让你先挑，你为什么拿最小的呢？"孔融回答说："我年纪最小，应该吃最小的，大的留给爸爸妈妈和哥哥们吃。"

只有四岁的小孔融，就懂得孝敬父母，谦让哥哥，大家都夸他是个懂事的好孩子。

情绪胎教：聆听大自然的呼吸

　　孕妈妈的情绪波动没有前几周大了，身体也逐渐适应了怀孕状态，可以抓住这个时机让胎儿多接触大自然的声音和味道，做一下芳香胎教。芳香能给人一种良好的刺激，使人心情松弛、情绪高涨，增强听觉与嗅觉及思维的灵敏度，进一步提高智商。孕妈妈可以在大自然中，一边散步一边进行芳香胎教。

　　芳香胎教无处不在，每当你闻到香味，大吸一口气，把这种嗅觉快乐带给胎儿，这就是芳香胎教啦！但是某些香味太浓郁甚至有微毒的花香，并不适宜用来进行芳香胎教，比如夹竹桃、水仙等。

两姐妹 /（法）皮埃尔·奥古斯特·雷诺阿

本周重要提示

★ 激动人心的第一次产检 ★

　　面对第一次产检，孕妈妈是不是又激动又紧张？产检前一天要休息好，把想要向医生咨询的问题提前记录下来，做好充分的准备。

产检的准备

是与否	要点
☐	身份证
☐	围产保健手册
☐	医疗保险手册

·小贴士·

　　第一次产检的时间和总的产检次数因人而异，不同医院的产检项目可能也会有所不同。产检过程非常短暂，准备一个本子，列出你的问题，更有效地利用产检时间。

产检的项目

定期产检项目		
年龄	职业	预产期
身高	体重	血压
宫高	腹围	胎心
月经史	孕产史	手术史
心电图	家族病史	丈夫健康状况

特殊产检项目	
1	尿常规
2	血常规
3	阴道检查
4	颈后透明带扫描
5	绒毛活检

第四章

孕四月 进入舒适的孕中期

第十三周：具备较完整的脸部形态

孕妈妈 胃口增大。
胎 长 7.6～10厘米。
胎 重 18克左右。

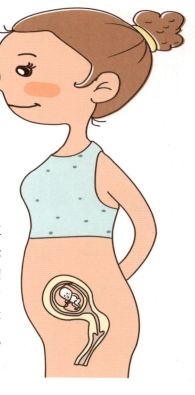

胎儿和孕妈妈的变化

脸部形态完整可见

从头部到臀部长65～79毫米。此时的胎儿具备完整的脸部形态了，鼻子完全成型，并能支撑头部运动。如果触摸到胎儿的手，胎儿的手就会握拳，碰到双脚，脚就能缩回去。

胸部变大，出现静脉曲张

怀孕前，乳房的重量为200克左右。随着怀孕进程向前推进，逐渐长大，到了怀孕后期，就会达到平时的2～4倍左右。由于乳腺的发达，孕中期还能触摸到肿块，甚至还伴随着疼痛。另外，乳房表皮的正下方会出现静脉曲张，乳头的颜色变深。

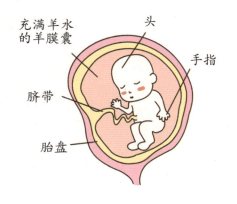

充满羊水的羊膜囊　　头

手指

脐带

胎盘

营养胎教：科学补钙

本周营养重点

重点补充

钙　　锌

适量补充

叶酸　　碘

孕期缺钙的症状

小腿抽筋

一般在怀孕5个月时就可出现，往往在夜间更容易发生。

关节、骨盆疼痛

如果钙摄取不足，在激素的作用下，孕妈妈骨骼中的钙会大量释放出来，引起关节、骨盆疼痛。

妊娠高血压综合征

缺钙与妊娠高血压疾病的发生有一定的关系。

牙齿松动

缺钙会造成牙齿珐琅质发育异常，抗龋能力降低，硬组织结构疏松。

补钙小窍门

补钙窍门	
少量多次补钙	在吃钙片的时候，可以选择剂量小的钙片，每天分两次或三次口服。500毫升牛奶如果分成2～3次喝，补钙效果要优于1次全部喝掉
选择最佳的补钙时间	补钙最佳时间是在睡觉前、两餐之间，晚饭后休息半小时即可
补钙同时适量补充维生素D	维生素D能够调节钙磷代谢，促进钙的吸收。除了服用维生素D外，也可以通过晒太阳的方式促进钙在体内合成。每天只要在阳光充足的室外活动半小时以上就可以合成足够的维生素D

·小贴士·

补钙并非越多越好，孕妈妈过度补钙会使钙质沉淀在胎盘血管壁中，引起胎盘老化、钙化，分泌的羊水减少，胎儿头颅过硬。因此补钙要科学，千万不要盲目过量补钙。

影响钙元素吸收的克星

磷酸

碳酸饮料、咖啡等：如果孕妈妈过多地摄入碳酸饮料、咖啡等大量含磷的食物，过多的磷会把体内的钙"赶"出体外。

植酸

大米、白面：大米和白面中所含的植酸与消化道中的钙结合，产生不能为人体吸收的植酸盐，降低人体对钙的吸收。

草酸

菠菜、苋菜、竹笋等蔬菜中的草酸在肠道中可与钙结合形成不溶的沉淀，影响钙的吸收。

钠

盐：孕妈妈摄入过多盐分会影响身体对钙的吸收，同时还可能导致骨骼中钙的流失。

脂肪酸

油脂类食物：脂肪分解的脂肪酸在胃肠道可与钙形成难溶物，使钙的吸收率降低。

白果熘腰花

猪腰子300克，黄瓜片50克，白果30克，冬笋片、水发木耳、胡萝卜各15克，花椒15粒，姜末5克，鸡精少许，酱油1大匙，米醋4小匙，料酒、香油各1小匙。

1 猪腰片成两片，剔去腰臊，洗净、沥水，剞上棋盘花刀，切小块。

2 锅中加入清水、米醋烧沸，放入猪腰块焯烫，捞出过凉、沥水，备用。

3 水发木耳洗净，撕小片；姜末放入小碗，加酱油、料酒、鸡精调汁。

4 锅中加入清水烧沸，放入木耳片、白果、冬笋片焯约半分钟，捞出过凉、沥水，同黄瓜片一起放入腰花碗中。

5 锅中加入香油烧热，下入花椒炒香，捞出不用，倒入味汁碗中搅匀，浇在腰花上拌匀即可。

菠菜拌干豆腐

菠菜250克，干豆腐125克，红干椒、葱丝各15克，花椒15粒，精盐、白糖、香醋各2小匙，植物油1小匙。

1 菠菜择洗干净，下入沸水锅中，焯烫2分钟，捞出沥水，切成段；干豆腐切成4厘米长，1厘米宽的条；红干椒洗净，切成段；花椒洗净。

2 将菠菜段放入盘中，加入干豆腐条、葱丝、香醋、白糖、精盐调拌均匀。

3 锅中加油烧热，下入花椒，用小火炸出椒香味，捞出花椒不用，离火后放入红干椒段煸炒至酥脆，浇在菠菜、干豆腐上即成。

语言胎教：诗歌《你是人间四月天》

四月是四季中最好的一个月，蕴含了春天的蓬勃力量。胎儿就是春天的星，是最耀眼的那一个。

《你是人间四月天》

林徽因

我说你是人间的四月天；
笑响点亮了四面风；
轻灵在春的光艳中交舞着变。

你是四月早天里的云烟，
黄昏吹着风的软，
星子在无意中闪，
细雨点洒在花前。

那轻，那娉婷你是，
鲜妍百花的冠冕你戴着，
你是天真，庄严，你是夜夜的月圆。
雪化后那片鹅黄，你像；
新鲜初放芽的绿，你是；
柔嫩喜悦水光浮动着你梦期待中白莲。

你是一树一树的花开，
是燕在梁间呢喃，
——你是爱，是暖，
是希望，你是人间的四月天！

音乐胎教：聆听《听海》

《听海》是一首非常美丽而温馨的胎教纯音乐，安静的音乐能把你快速带入海的世界，感受到那片蔚蓝的声音。在聆听这首音乐的过程中，孕妈妈和胎儿都能感受到大海的博大和祥和。

潮涨潮汐，日出日落，随着开篇海浪的声音，轻易地就将听者带到了大海的面前，夜幕降临，伴着温和而潮湿的海风，偶有海鸟的叫声从远处划过，此刻，你和胎儿就像躺在了温柔的海水中，身体随着海浪摇曳，浮挂在嘴角的微笑是那么甜美幸福，你低下头，轻轻抚摸着日渐长大的腹部，想象着胎儿在里面的样子，忍不住轻声对他说："宝贝，你一定要健康地成长，妈妈和爸爸都期待着和你见面的那一天！"。

海景系列之一 /（法）克劳德·莫奈

趣味胎教：折一只千纸鹤精灵

在制作千纸鹤的时候要注意翅膀的比例，不能让翅膀左右摇晃，做到对称均衡。

步骤1：准备一张正方形纸，沿虚线向箭头方向折叠。

步骤2：沿虚线向箭头方向折，折出双正方形。

步骤3：沿虚线向箭头方向折。

步骤4：将上端拉出来压实折痕。

步骤5：背面方法同步骤4。

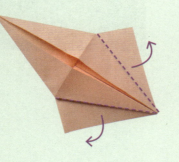

步骤6：沿虚线向箭头方向往下折。

步骤8：沿虚线向箭头方向折，背面也一样。

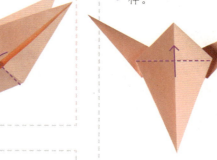

步骤7：将上面两角向箭头方向压折。

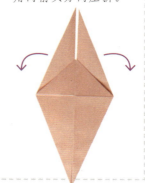

步骤9：沿虚线向箭头方向折。

步骤10：画上眼睛，完成。

情绪胎教：发现生活的美

其实没必要把自己当做一个特殊的人看待，如果身体不适，可以躺下来休息一下；尽可能地保持原来的生活节奏，让自己惬意、从容。做些能让自己开心的事情。

《春江花月夜》

张若虚

春江潮水连海平，海上明月共潮生。滟滟随波千万里，何处春江无月明！
江流宛转绕芳甸，月照花林皆似霰；空里流霜不觉飞，汀上白沙看不见。
江天一色无纤尘，皎皎空中孤月轮。江畔何人初见月？江月何年初照人？
人生代代无穷已，江月年年望相似。不知江月待何人，但见长江送流水。
白云一片去悠悠，青枫浦上不胜愁。谁家今夜扁舟子？何处相思明月楼？
可怜楼上月徘徊，应照离人妆镜台。玉户帘中卷不去，捣衣砧上拂还来。
此时相望不相闻，愿逐月华流照君。鸿雁长飞光不度，鱼龙潜跃水成文。
昨夜闲潭梦落花，可怜春半不还家。江水流春去欲尽，江潭落月复西斜。
斜月沉沉藏海雾，碣石潇湘无限路。不知乘月几人归，落月摇情满江树。

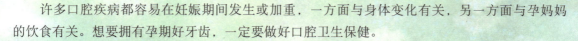

本周重要提示

✦ 做好口腔保健 ✦

许多口腔疾病都容易在妊娠期间发生或加重，一方面与身体变化有关，另一方面与孕妈妈的饮食有关。想要拥有孕期好牙齿，一定要做好口腔卫生保健。

护牙爱齿方法	
营养和运动	蔬菜、水果、米饭、鱼、肉、蛋、乳类都要均衡摄取。另外，孕妈妈在平时可做上下叩齿动作。这样不仅能增强牙齿的坚固性，还能增加口腔唾液分泌量
有效刷牙	孕妈妈在每餐后必须刷一次牙，通常提倡"三三三刷牙法"，即每次在饭后三分钟之内刷牙，每颗牙的内侧、外侧、咬合三面都要刷，每次刷牙不能少于三分钟
针对性保健	如果孕妈妈由于吃酸性零食过多而引起牙齿过敏，可以使用脱敏牙膏。如果出现齿龈出血或水肿，最好使用能消炎止血的药物牙膏。如果有龋齿，要选用含氟或含锶的牙膏。

第十四周：可以区分胎儿性别

孕妈妈　身体开始恢复活力。
胎　长　10～12厘米。
胎　重　25克左右。

胎儿和孕妈妈的变化

长出了汗毛

　　重约25克，从头部到臀部长80～113毫米。胎儿的脸部继续发育，逐渐形成面颊和鼻梁，耳朵和眼睛已经归位。胎儿的皮肤上开始长出螺旋形汗毛。这些汗毛会决定胎儿将来的肤色，同时也有保护皮肤的作用。

出现便秘

　　由于孕激素水平的升高，小肠的平滑肌运动减慢，使孕妈妈遭受便秘的痛苦。同时，扩大的子宫也压迫肠道，影响其正常功能。解决便秘的最好方法就是多喝水，多吃纤维素丰富的水果和蔬菜。

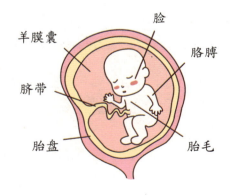

羊膜囊　脸　胳膊　脐带　胎盘　胎毛

营养胎教：一日三餐怎么吃

本周营养重点

重点补充

铁　　钙

适量补充

叶酸　　维生素A

定时定量

三餐定时

最理想的吃饭时间为早餐6~7点，午餐12点，晚餐6~7点；吃饭时间最好为30~40分钟，用餐过程要从容，心情要愉快。

三餐定量

三餐都不宜被忽略或合并，且分量要足够，每餐各占一天所需热量的三分之一，或呈倒金字塔形，早餐丰富、午餐适中、晚餐量少。

三餐定点

养成定点吃饭的习惯，如果希望未来宝宝吃饭时能坐在餐桌旁专心进餐，那么现在吃饭的时候就应固定一个气氛温馨的地点，尽量不受外界影响。

营养均衡而多变化

孕妈妈身体所需的营养要尽量从食物中获得，而非大量依赖药物摄取，因为目前仍有许多营养素尚未被发现，所以建议孕妈妈多变化食物的种类，每天可以吃15种不同的食物，营养才易充足。

一周美味食谱

鲜虾豆腐汤

虾仁50克，豆腐1块，葱花少许，精盐1小匙，高汤两杯。

1 将豆腐切成小块，用沸水焯一下，捞出凉凉。

2 将虾仁去掉虾线，洗净；用沸水焯一下，捞出凉凉。

3 汤锅中加入高汤，再放入豆腐块、虾仁烧沸，撇去浮沫，然后加入精盐煮5分钟，出锅前撒入葱花即可。

三色蜇丝

海蜇皮200克，红椒、青椒各1个，精盐、白糖、姜、香油各适量。

1 将海蜇皮洗净，切细丝，用温水略浸泡，沥干；红椒、青椒、姜分别洗净，切丝，备用。

2 将海蜇丝放入盘中，加入精盐、白糖、香油、红椒丝、青椒丝拌匀，最后撒上姜丝即可。

语言胎教：诗歌《笑》

似沁甜的泉水，似悠淡的莲花，在自然空灵中洋溢着孩子般天真的笑，缭绕着生命之美的纯洁与绚烂；诗的意境，人的意境，爱的意境，生命的意境……瞬间的笑创造无限的美丽。林徽因用女性独有的柔情、独特的视角和细腻的心思，抒写《深笑》这首小诗，彰显现代诗歌的无尽魅力。

《深笑》

林徽因

是谁笑得那样甜，那样深，
那样圆转？一串一串明珠
大小闪着光亮，迸出天真！
清泉底浮动，泛流到水面上，
灿烂，
分散！
是谁笑得好花儿开了一朵？
那样轻盈，不惊起谁。
细香无意中，随着风过，
拂在短墙，丝丝在斜阳前
挂着
留恋。
是谁笑成这百层塔高耸，
让不知名鸟雀来盘旋？是谁
笑成这万千个风铃的转动，
从每一层琉璃的檐边
摇上
云天？

音乐胎教：聆听《微风吹拂的方式》

《微风吹拂的方式》选自班得瑞第九张专辑《微风山谷》。坐看云起，聆听微风。旋律像微风一般，轻轻拂过寂静的心田，春天的乐章就这样轻盈地流淌着。

制作这张专辑，班得瑞乐团花了三年的时间，埋首于瑞士南方的萨斯菲山谷之中，不仅实地撷取当地的自然原声为素材，并以音乐忠实呈现从白霭冷冽的雪色，舒人胸怀的绿茵，到静观月升的静谧，沐浴温暖日落等不同时空的时节变化。你仿佛在乐曲中乘风而行，跟着地形的起伏而滑行于山谷间各个角落，感受平原的辽阔，山峦的雄伟，赞叹造物者的鬼斧神工。

麦田与松柏（荷兰）文森特·威廉·梵高

运动胎教：山立式健身操

进入孕中期，胎盘稳定，孕妈妈可以开始进行适度的孕期健身操。孕妈妈练习健身操可以增强体力和骨盆、肌肉的张力，增强身体的平衡感，提高整体肌肉组织的灵活度和柔韧性。同时加快血液循环，更好地控制呼吸。做健身操还可以起到按摩身体内部器官的作用，有益于提高睡眠质量，帮助孕妈妈形成舒适、健康的生活状态。

山立式健身操的动作要领：

1.将双脚内侧并拢，收紧小腿肌肉，感觉膝盖向上提，膝盖周围的韧带自然收紧，收紧大腿肌肉，将双臀自然夹紧。

2.双手自然的垂放在身体两侧。脖颈向上伸展，下巴与地面平行，并且稍向内含，这时全身的重量均匀地分布在两个脚掌上，不要感觉脚尖、脚跟或脚外侧缘的某一部位单独受力。

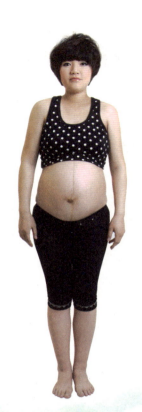

本周重要提示

 洗澡时间不宜过长

怀孕后，由于体内发生了许多特殊的生理变化，容易出汗，油性分泌增多，如不经常清洗，污垢可影响毛孔的排泄功能，易招致感染而发生痒肿或其他皮肤病。怀孕的前3个月，如果体温持续在39℃以上，很容易使腹中的胎儿脊髓缺损，因此，孕妈妈在洗澡时，水温要控制在38℃以下。

舒服洗澡的3点要领	
避免空腹洗澡	饭前饭后一小时不能洗澡，空腹洗澡容易诱发低血糖而虚脱昏厥；饱餐后洗澡，皮肤血管扩张，血液过多流向体表，影响消化，容易引起昏厥
最佳时限	孕妈妈洗澡的时间不宜过长。孕妈妈淋浴时容易出现头昏、眼花、胸闷等症状，脑部的供血不足，使胎儿出现缺氧、胎心率加快等症状，严重者还会使胎儿神经系统的发育受到不良影响。因此建议孕妈妈洗澡的时间最好控制在10～20分钟
最佳方式	怀孕后不主张坐浴，如果坐浴，脏水有可能进入阴道，使阴道受到细菌的感染。可以站着淋浴，但必须在浴室内设置扶手，铺上防滑垫，以防止滑倒

第十五周：胎盘完全形成

孕妈妈 大肚子的特征越来越明显。
胎 长 12厘米左右。
胎 重 50克左右。

胎儿和孕妈妈的变化

胎盘形成了

到怀孕15周时，胎盘终于成形。胎盘具有保护胎儿并提供营养和氧气的作用。此时羊水的量也开始增多，胎儿在羊水中可以自由自在地活动。此时的胎儿开始长眉毛，头发继续生长。随着肌肉的发育，胎儿会握拳，会睁开眼睛，还会皱眉头，有时还能吸吮自己的拇指。

开始分泌乳汁

虽然离预产期还有一段时间，但是乳房内已经开始生成乳汁。随着乳汁的生成，乳头上分泌出少量灰白色乳汁。分泌乳汁时可在胸部内垫上棉纱，并在洗澡时用温水轻轻地清洗乳头。

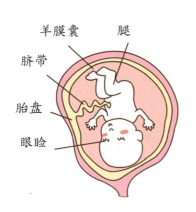

羊膜囊　腿
脐带
胎盘
眼睑

营养胎教：巧烹饪，锁住食物营养

本周营养重点

重点补充

锌　膳食纤维

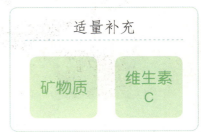

适量补充

矿物质　维生素C

"锁住"钙的烹饪技巧

菠菜、苋菜等蔬菜含草酸多，可先焯后炒，焯的过程中能去掉草酸，有利于钙的吸收；鱼头炖豆腐，强强联合，通过维生素D让钙留在体内；醋有助于钙的吸收利用，炒豆芽菜、炖排骨、做小酥鱼时，都可以加点醋。

"锁住"维生素B_1的烹饪技巧

米饭别捞、面食别炸。因为捞饭时维生素B_1会溶进汤中，油炸食物的维生素B_1保存率低。

"锁住"维生素C的烹饪技巧

蔬菜择干净后，先洗后切，切完后再炒，可防止维生素C丢失。维生素C喜欢酸性环境，所以，烹饪时应该适当地放点醋。炒菜时还宜采取大火快炒。

"锁住"胡萝卜素和番茄红素的烹饪技巧

胡萝卜素和番茄红素"喜油"，也就是只有溶解在脂肪里才能被人体吸收，所以，生吃胡萝卜、番茄或榨汁，都会浪费了这两种抗氧化物，最好是烹饪后食用。

一周美味食谱

笋瓜小炒

笋100克，黄瓜1/2根，盐1/2小匙，姜末适量，高汤3大匙，植物油1大匙。

1 将笋洗净，切成片，放入沸水中焯熟，捞出投凉。

2 黄瓜洗净，切成与笋大小相仿的片。

3 锅烧热，加植物油，六成热时放姜末爆香，再放入笋片略炒，然后放入黄瓜片，倒入高汤，加盐调味，改大火翻炒几下即可。

胡萝卜烧羊腩

羊腩肉300克，胡萝卜1根，葱段15克，姜片5克，精盐1/2小匙，鸡精、胡椒粉各1小匙，清汤750克，料酒、植物油各2大匙。

1 羊腩肉洗净，切成小块，再用沸水焯透，捞出沥干；胡萝卜去皮，洗净，切成菱形块。

2 坐锅点火，加油烧热，先下入葱段、姜片炒香，再添入清汤，放入羊腩肉炖至八分熟。

3 加入胡萝卜块、料酒、精盐、鸡精炖至熟烂，再撒入胡椒粉调匀，即可出锅装碗。

韭黄炒干丝

豆腐干250克，韭黄150克，精盐、白糖、米醋各1小匙，鸡精、酱油各1/2小匙，水淀粉1大匙，鲜汤100克，植物油2大匙。

1 将豆腐干洗净，切成粗丝；韭黄去根，择洗干净，切成小段。

2 小碗中加入白糖、鲜汤、米醋、精盐、酱油、鸡精、水淀粉调匀，制成味汁。

3 炒锅置火上，加油烧至五成热，先下入豆腐干丝略炒，再放入韭黄段炒匀，然后倒入味汁翻炒至收汁，再淋入明油，即可出锅装盘。

语言胎教：诗歌《金色花》

孩子的心是天真烂漫的，在泰戈尔美丽的语言中，我们能体会到孩童那如幻如梦的童心，爱就从这里开始蔓延……

《金色花》

泰戈尔

假如我变了一朵金色花，为了好玩，长在树的高枝上，笑嘻嘻地在空中摇摆，又在新叶上跳舞，妈妈，你会认识我吗？

你要是叫道："孩子，你在哪里呀？"我暗暗地在那里匿笑，却一声儿不响。

我要悄悄地开放花瓣儿，看着你工作。

当你沐浴后，湿发披在双肩，穿过金色花的林荫，走到做祷告的小院时，你会嗅到这花香，却不知道这香气是从我身上来的。

当你吃过午饭，坐在窗前读《罗摩衍那》，那棵树的阴影落在你的头发与膝上时，我便要将我小小的影子投在你的书页上，正投在你所读的地方。

但是你会猜得出这就是你孩子的小小影子么？

当你黄昏时拿了灯到牛棚里去，我便要突然地再落到地上来，又成了你的孩子，求你讲故事给我听。

"你到哪里去了，你这坏孩子？"

"我不告诉你，妈妈。"这就是你同我那时候所要说的话了。

音乐胎教：聆听《安妮的仙境》

流水、雀鸟之声，从自然而来的气息沁人心脾。孕妈妈聆听班得瑞的《安妮的仙境》，能起到镇静情绪、松弛身心的作用，给人一种置身大自然的感觉，倾听这些来自自然的声音，能让孕妈妈的大脑和心情都很放松，焦躁和烦恼渐渐消失，安心和舒适的感觉随之而来。在这种安逸、平静的状态下，智慧之门慢慢打开……

歌声穿过黑夜，向你轻轻飞去。
在这静谧的林间，等待我的爱人。
皎洁月光洒满大地，
树梢也在悄悄耳语。
此刻，没人来打扰我们，
亲爱的，抛开你的顾虑，
让我的歌声感动你。
来吧，亲爱的！
我的歌声，带来幸福爱情。
你是否听见夜莺在歌唱，
它用那甜蜜的歌声，
诉说你我的爱情。
它用那银铃般的声音，
感动温柔的心房。
这歌声也会使你感动吗？
来吧，亲爱的！
我们一起分享这幸福爱情。

知识胎教：认识数字1和2

　　孕妈妈从这周开始可以增加数学知识的胎教内容了，比如教宝宝学数字，学图形等等。每天不要学太多，一次学习两个数字就可以了，在一两周内反复学习这两个数字，强化宝宝的印象。另外，学习时要将数字视觉化，也就是结合实物来进行学习。如教"1"这个数字时，可以说"1像铅笔细又长"等，让"1"这个数字变得具体又形象；在教"2"这个数字时，可以说"2像小鸭水中游"；说的时候还可以做出小鸭游水的动作来强化对实物的认识。

1像铅笔长又长。

2像小鸭水中游。

·小贴士·

　　教胎儿学数学时，可多借助一些实物来进行，比如用水果或家里常用的一些物品做一些简单的加减法。这样可以让宝宝认知这些东西，并在认知的基础上了解数字的含义。

趣味胎教：手影游戏《小兔子》

孕妈妈可做一些手影小游戏，锻炼手指灵活性的同时还可以调节孕妇的心情。注意兔子的脚一定要分开展示，这样才显得更活泼。

步骤3：将左右手的小指勾在一起。

步骤5：将左手的环指与中指伸展开。

步骤1：在较暗的房间内打开一盏台灯，伸出左手适当向左弯曲。

步骤4：将左右手示指互勾在一起。

步骤2：伸出右手贴靠在左手后。

步骤6：将右手的拇指、无名指和中指如图伸展开，兔子的造型就完成了。

本周重要提示

第二次产检：唐氏综合征筛查。常规检查唐氏综合征是一种偶发性疾病，每一个孕妈妈都有可能生出"唐氏儿"。因此，孕期进行唐氏筛查非常必要。

什么是唐氏综合征

唐氏综合征又叫21-三体综合征，是最为常见的由常染色体变异所导致的出生缺陷类疾病。唐氏综合征患儿表现为智能障碍，生活不能自理，语言、体格发育落后和特殊面容，并伴有多发畸形以及复杂的疾病，如心脏病、传染疾病等。

特别需要进行唐氏筛查的准爸妈

序号	筛查人群
1	妊娠前后，孕妈妈有病毒感染史，如流感、风疹等
2	受孕时，夫妻一方染色体异常
3	夫妻一方年龄较大，超过35岁
4	妊娠前后，孕妈妈服用致畸药物，如四环素等
5	夫妻一方长期在放射性环境下工作或污染环境下工作
6	有习惯性流产史、早产或死胎的孕妈妈
7	夫妻一方长期饲养宠物

解读唐氏筛查报告

AFP（甲胎蛋白）的一种特异性球蛋白，可预防胎儿被母体排斥。AFP正常值应大于2.5MoM，化验值越低，胎儿患唐氏症的机会越高。怀有先天愚型胎儿的孕妈妈，其血清AFP水平为正常孕妈妈的70%，即平均MoM值为0.7～0.8MoM。

HCG（人绒毛膜性腺激素）：人绒毛膜促性腺激素越高，胎儿患唐氏症的机会越高。怀有先天愚型胎儿的孕妈妈，其血清HCG水平呈强直性升高，平均MoM值为2.3～2.4MoM。

检查时的注意事项

做唐氏筛查时不需要空腹，抽取孕妈妈外周血就可以了，但唐氏筛查与月经周期、体重、身高、准确孕周、胎龄大小都有关。孕妈妈不要忘记和医生约好检查时间。一般抽血后一周内即可拿到检查结果。

第十六周：胎儿在练习呼吸

孕妈妈 做事情没有以前方便了。
胎　长 13厘米左右。
胎　重 80克左右。

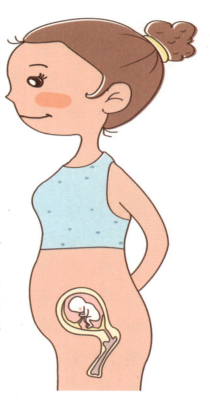

胎儿和孕妈妈的变化

神经系统开始工作

胎儿的肌肉对于来自脑部的刺激有了反应，因此能够协调运动。现在能够通过超声波扫描分辨出胎儿的性别了。通过羊膜穿刺术，可以获得有关胎儿健康的重要信息。

适当控制体重

随着食欲的增强，孕妈妈的体重会迅速增加。此时，下腹部会明显变大。除了腹部外，臀部和全身都会长肉，所以要注意把体重控制在健康的范围内。一般情况下，怀孕18～20周能感受到第一次胎动。

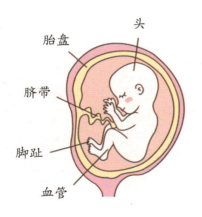

头
胎盘
脐带
脚趾
血管

营养胎教：锌元素是重点

本周营养重点

重点补充

锌

适量补充

钙　综合维生素

补锌很重要

锌是人体必需的微量元素，参与合成体内蛋白质、脂肪、糖、核酸等物质。如果孕妈妈缺锌，会严重影响胎儿在宫内的生长，会波及胎儿的脑、心脏、胰腺、甲状腺等重要器官，使之发育不良。此外，锌可以增加子宫相关酶的活性，促进子宫收缩，帮助胎儿顺利分娩。

如何判断是否缺锌

通过观察指甲可以判断孕妈妈是否缺锌，如果指甲上有白斑，说明体内已经缺锌了，白斑越严重，说明缺锌越严重。通过观察指甲白斑只是一个粗略的判断方法，没有白斑并不代表不缺锌，想要得知更准确的结果，孕妈妈需要到医院做血锌化验。

饮食补锌最有效

对于大多数孕妈妈来说，通过食物补充锌是最有效的，也是最安全的方法。因此，孕妈妈在日常饮食中一定要注意补充锌元素。孕妈妈可以经常吃一些动物肝脏、肉、蛋、鱼以及粗粮，这些都是含锌比较丰富的食物。另外，核桃、瓜子、花生都是含锌较多的零食，可每天适量食用，这样能起到较好的补锌作用。

一周美味食谱

猪肝烩饭

米饭125克，猪肝35克，瘦肉、胡萝卜各20克，洋葱50克，蒜末5克，虾仁10克，水淀粉20克，色拉油、精盐、白糖、鸡精、胡椒粉、酱油、香油、料酒各适量。

1　将米饭盛在盘中，备用。将瘦肉、猪肝洗净，均切成片，调入酱油、料酒、白糖、胡椒粉、精盐、淀粉。

2　将洋葱、胡萝卜择洗干净，均切成片后用开水烫熟。

3　锅置火上，放入色拉油，烧热后下蒜末爆香，放入虾仁、猪肝、瘦肉略炒，再依次放入洋葱片、胡萝卜和精盐、酱油，放水加热，用水淀粉勾芡，淋上香油。最后将菜淋在米饭上即成。

椒香鸡丁

鸡胸脯肉300克。干辣椒、葱段、生姜、花椒、精盐各适量，酱油3大匙，料酒1大匙，香油1小匙，植物油500克。

1 将鸡胸脯肉洗净，切成小方丁，加料酒、酱油、葱、姜拌匀，腌渍10分钟。干辣椒洗净，去蒂、去籽，切成长段。

2 炒锅烧热，加植物油，三成热时下入鸡丁榨干水分，捞出控油。锅中留少许底油，下入花椒、辣椒段爆香，倒入鸡丁，再加入酱油、精盐、料酒、高汤煮5分钟，出锅前淋香油炒匀即可。

麻婆豆腐

豆腐1块，蒜苗25克，猪肉末50克，豆瓣辣酱、水淀粉、植物油各1大匙，豆豉1小匙，精盐、花椒粉、葱、姜各适量。

1 豆腐切成小块，用沸水焯一下，捞出控水。蒜苗切成小段。豆瓣辣酱、豆豉调匀。

2 炒锅烧热，加入植物油，待油热后放入猪肉末，炒熟捞出。

3 炒锅烧热，加入植物油，放入姜、葱爆香，再放入精盐、豆瓣辣酱、豆豉、花椒面炒匀，添入适量清水，倒入豆腐块，煮3分钟。最后放入蒜苗和炒好的猪肉末，翻炒均匀，出锅前勾芡即可。

语言胎教：朗诵《雨巷》

为胎儿朗诵戴望舒的《雨巷》，同时配以英国名曲《绿袖子》。优美的曲子配上优美的诗，一定可以给胎儿美的享受。

《绿袖子》是一首英国民谣，在伊丽莎白女王时代就已经广为流传，相传是英皇亨利八世所作。这首民谣的旋律非常古典而优雅，是一首描写爱情里的忧伤的歌曲。

《雨巷》

戴望舒

撑着油纸伞，独自
彷徨在悠长、悠长
又寂寥的雨巷
我希望逢着
一个丁香一样的
结着愁怨的姑娘

她是有
丁香一样的颜色
丁香一样的芬芳
丁香一样的忧愁
在雨中哀怨
哀怨又彷徨

她彷徨在这寂寥的雨巷
撑着油纸伞
像我一样
像我一样地
默默彳亍着
冷漠、凄清，又惆怅

她默默地走近
走近，又投出
太息一般的眼光
她飘过

像梦一般地
像梦一般地凄婉迷茫
像梦中飘过
一枝丁香地
我身旁飘过这女郎
她静默地远了、远了
到了颓圮的篱墙
走尽这雨巷

在雨的哀曲里
消了她的颜色
散了她的芬芳
消散了，甚至她的
太息般的眼光
丁香般的惆怅

撑着油纸伞，独自
彷徨在悠长、悠长
又寂寥的雨巷
我希望飘过
一个丁香一样地
结着愁怨的姑娘

运动胎教：捏泥《胡萝卜》

胡萝卜的主体部分可以捏得细长一些，方便彩色的长条粘贴。

步骤1:取橙色、绿色、红色彩泥各一块。

步骤2:用橙色的彩泥捏成一头大一头小的胡萝卜形状。

步骤3:用绿色的彩泥捏成叶片的形状。

步骤4:用红色的彩泥搓成小细条作为胡萝卜的装饰。

步骤5:将各部分粘贴在一起，完成。

趣味胎教：猜一猜谜语

今天孕妈妈和胎儿一起背诵几则谜语童谣吧。不要忘了在脑海中想象谜语中所描绘的动物形象哟。

猜一猜动物

	谜题
1	嘴像小铲子，脚像小扇子，走路左右摆，水上划小船
2	头戴红帽子，身披五彩衣，从来不唱戏，喜欢吊嗓子
3	身披花棉袄，唱歌呱呱叫，田里捉害虫，丰收立功劳
4	小小姑娘黑又黑，秋天走了春天回，带着一把小剪刀，半空里飞呀飞

猜一猜物体

	谜题
1	身体细长，兄弟成双，光爱吃菜，不爱喝汤
2	有时圆又圆，有时弯又弯，有时晚上出来了，有时晚上看不见。有时落在山腰，有时挂在树梢，有时像面圆镜，有时像把镰刀

猜一猜植物

	谜题
1	高高个儿一身青，金黄圆脸喜盈盈，天天对着太阳笑，结的果实数不清
2	紫色树，开紫花，开过紫花结紫瓜，紫瓜里面装芝麻
3	兄弟几个真和气，天天并肩坐一起，少时喜欢绿衣服，老来都穿黄色衣
4	胖娃娃，滑手脚，红尖嘴儿一身毛，背上浅浅一道沟，肚里鲜红好味道
5	冬天蟠龙卧，夏天枝叶开，龙须往上长，珍珠往下排
6	身穿绿衣裳，肚里水汪汪，生的子儿多，个个黑脸膛
7	小小金坛子，装着金饺子，吃掉金饺子，吐出白珠子

一起来看谜底

猜猜一猜动物

1. 小鸭子
2. 公鸡
3. 青蛙
4. 燕子

猜一猜物体

1. 筷子
2. 月亮

猜一猜植物

1. 向日葵
2. 茄子
3. 香蕉
4. 桃子
5. 葡萄
6. 西瓜
7. 橘子

知识胎教：声律启蒙

《声律启蒙》是训练儿童应对、掌握声韵格律的启蒙读物。按韵分编，包罗天文、地理、花木、鸟兽、人物、器物等的虚实应对。从单字对到双字对，三字对、五字对、七字对到十一字对，声韵协调，朗朗上口，从中得到语音、词汇、修辞的训练。从单字到多字的层层属对，读起来，如唱歌般欢快、好听。

云对雨，雪对风，晚照对晴空。

来鸿对去燕，宿鸟对鸣虫。

三尺剑，六钧弓，岭北对江东。

人间清暑殿，天上广寒宫。

两岸晓烟杨柳绿，一园春雨杏花红。

两鬓风霜，途次早行之客；

一蓑烟雨，溪边晚钓之翁。

沿对革，异对同，白叟对黄童。

江风对海雾，牧子对渔翁。

颜巷陋，阮途穷，冀北对辽东。

池中濯足水，门外打头风。

梁帝讲经同泰寺，汉皇置酒未央宫。

尘虑萦心，懒抚七弦绿绮；

霜华满鬓，羞看百炼青铜。

贫对富，塞对通，野叟对溪童。

鬓皤对眉绿，齿皓对唇红。

天浩浩，日融融，佩剑对弯弓。

半溪流水绿，千树落花红。

野渡燕穿杨柳雨，芳池鱼戏荇荷风。

女子眉纤，额下现一弯新月；

男儿气壮，胸中吐万丈长虹。

本周重要提示

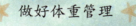

做好体重管理

怀孕并不意味着可以让体重无限增长，身体过胖，容易引发疾病，产后恢复也比较困难。

	谜题
掌握体重走向	建议孕妈妈每天称两次体重，最好是早晨一次，晚上一次，并将每天的数据记录下来，细心的孕妈妈还可以把每天吃的食物、数量记录下来，这样更容易清楚地掌握
创造锻炼的机会	散步是最休闲，也是最有效的消耗热量、帮助消化的方法，尤其是晚餐胃口比较好的孕妈妈，要坚持散步
自我放松	生活中难免会有一些不愉快的事情，所以孕妈妈要学会放松自己，及时释放不开心的情绪
规律作息	规律的生活作息是必需的，即使休息在家也不能晚睡晚起，这样很容易使体重增加

第五章

孕五月 大肚子凸起来了

第十七周：生成褐色皮下脂肪

孕妈妈 情绪保持稳定很重要。
胎 长 14厘米左右。
胎 重 100克左右。

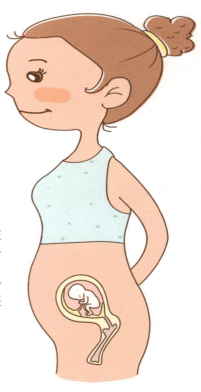

胎儿和孕妈妈的变化

脂肪开始聚集

胎儿的头虽然仍较大，但看起来已经开始和身体的其他部分成比例了。他的双眼更大了，但仍紧闭着，睫毛和眼眉长得更长。这段时期胎儿迅速成长，脂肪开始在胎儿的皮下聚集，帮助保暖并提供能量。

有时会出现鼻子或牙龈出血

跟怀孕前相比，孕妈妈心脏提供的血液量会增加40%左右，而且增加的血液会加大部分毛细血管的压力，因此有时鼻子或牙龈会出血。

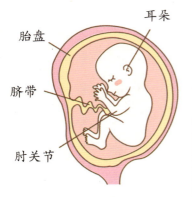

胎盘
脐带
肘关节
耳朵

营养胎教：从饮食入手抗辐射

本周营养重点

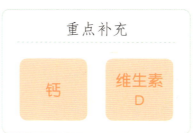

重点补充

钙	维生素 D

适量补充

维生素 A	维生素 C	维生素 E

抗辐射No.1：番茄红素

番茄、西瓜、红葡萄柚等红色水果富含一种抗氧化的维生素——番茄红素，以番茄中的含量最高。

抗辐射NO.2：维生素C、维生素E

豆类、橄榄油、葵花籽油、油菜、青菜、芥菜、卷心菜、萝卜、鲜枣、橘子、猕猴桃等，富含维生素E和维生素C，具有抗辐射作用，还能将沉淀于细胞内的毒素溶解掉。

抗辐射N0.3：维生素A、β-胡萝卜素

鱼肝油、动物肝脏、鸡肉、蛋黄、西蓝花、胡萝卜、菠菜等食物富含维生素A和β-胡萝卜素，不但有助于抵抗电脑辐射的危害，还能保护和提高视力。

抗辐射No4：硒

芝麻、麦芽、黄芪、酵母、蛋类、啤酒、大红虾、龙虾、虎爪鱼、金枪鱼、大蒜、蘑菇等富含硒，微量元素硒具有抗氧化的作用，它是通过阻断身体过氧化反应而起到抗辐射、延缓衰老的作用。含硒丰富的食物首推芝麻、麦芽和黄芪。

抗辐射No5：海带胶质、碱性食物

海带是放射性物质的"克星"，海带含有一种称作海带胶质的物质，可促使侵入人体的放射性物质从肠道排出。

一周美味食谱

黄鱼羹

黄鱼肉200克，嫩笋50克，鸡蛋1个，葱末、姜末、葱段各1小匙，植物油、香油、料酒、清汤、水淀粉各适量，精盐、鸡精各少许。

1 将黄鱼肉切成小片；嫩笋洗净切丁；鸡蛋打散。

2 锅中热油，爆香葱段和姜末，放入黄鱼片、料酒、清汤、嫩笋和精盐，烧沸后撇去浮沫。

3 再加入鸡精并用水淀粉勾芡，然后淋入蛋液，最后加入葱末和香油即可。

菊花鳜鱼

鳜鱼1条，香菇丁、青豆、冬笋丁、胡萝卜丁各25克，葱末、姜末、精盐、鸡精、白糖、酱油、米醋、料酒、淀粉、番茄酱、鸡汤、植物油各适量。

1 鳜鱼洗净，去骨取肉，切成小段，剞上菊花刀，加入料酒、精盐、鸡精拌匀，裹匀淀粉，放入油锅内炸至金黄色且熟脆，捞出装盘。

2 锅留底油烧热，放入香菇、冬笋、胡萝卜、青豆、番茄酱、葱末、姜末略炒。

3 再加入酱油、精盐、米醋、白糖、鸡汤烧沸，用水淀粉勾芡，出锅浇在鳜鱼上即成。

山药烧胡萝卜

山药200克，胡萝卜40克，藕30克，香菇50克，豌豆30克，葱末、高汤、酱油、盐各适量。

1 山药切成块状、胡萝卜、藕切片，香菇切开。

2 油热后用葱花炝锅，将上述材料倒入煸炒。

3 加入高汤及调味料，煮熟即可。

语言胎教：《孩童之道》

孕妈妈在读《孩童之道》的时候，可以边思考边读出声来，也许胎儿正在安静地听孕妈妈的声音。

孩童之道

泰戈尔

只要孩子愿意，他此刻便可飞上天去。

他所以不离开我们，并不是没有缘故。

他爱把他的头倚在妈妈的胸间，他即使是一刻不见她，也是不行的。

孩子知道各式各样的聪明话，虽然世间的人很少懂得这些话的意义。

他所以永不想说，并不是没有缘故。

他所要做的一件事，就是要学习从妈妈的嘴唇里说出来的话。那就是他所以看来这样天真的缘故。

孩子有成堆的黄金与珠子，但他到这个世界上来，却像一个乞丐。

他所以这样假装了来，并不是没有缘故。

这个可爱的小小的裸着身体的乞丐，所以假装着完全无助的样子，便是想要乞求妈妈的爱的财富。

孩子在纤小的新月的世界里，是一切束缚都没有的。

他所以放弃了他的自由，并不是没有缘故。

他知道有无穷的快乐藏在妈妈的心的小小一隅里，被妈妈亲爱的手臂所拥抱，其甜美远胜过自由。

孩子永不知道如何哭泣。他所住的是完全的乐土。

他所以要流泪，并不是没有缘故。

虽然他用了可爱的脸儿上的微笑，引逗得他妈妈的热切的心向着他，然而他的因为细故而发的小小的哭声，却编成了怜与爱的双重约束的带子。

——《新月集》

音乐胎教：哼唱《小星星变奏曲》

推荐孕妈妈欣赏《小星星变奏曲》。《小星星变奏曲》是莫扎特的作品，是一首脍炙人口的名曲，原题为《啊！妈妈，我要告诉你》的十二段变奏曲。音乐主题出自一首古老的欧洲民谣，有好几个国家用不同的语言歌唱过。

这个主题的节奏与旋律单纯质朴，乐声自然而愉快地流淌着。在圆月高挂天空的夜晚，一闪一闪的星星在天空平静地听着故事。当故事进入高潮时，小星星们躲在月亮身后。当故事到了完美结局时，小星星们则跑了出来，仍然平静地挂在漆黑的高空中，继续听着下一个故事。而旁边的树，坐在河岸边，听着潺潺的水声，花儿也闭上眼睛，朦朦胧胧地依偎在树旁。《小星星变奏曲》可以说是莫扎特最可爱的经典名曲了。

《小星星变奏曲》

知识胎教：星星的故事

每当夜幕降临，空中群星闪耀。这些看似渺小的星星，与我们肉眼所见差别甚大，有着许多不为人知的秘密。其实这些星星的体积非常大，含有气体和固体等各种形态的物质，它们在夜空中发着光。古代的人们把可以看得见的星星分成了十二星座，被称为天文十二星座，我们平常讲的星座则是指占星十二星座。按照十二星座的日期来预计一下，宝宝的出生日期所属的是哪个星座吧。

十二星座日期及符号

情绪胎教：远离孕期抑郁症

不良情绪会使孕妇的身体状态不稳定，孕妈妈情绪沮丧，心情焦虑会增加胎儿在发育中的危险，所以孕妈妈一定要控制好自己的情绪。

尽量使自己放松

在宝宝出生前就把一切事情都打理完是不可能的。孕妈妈也许会觉得应该抓紧时间找好产后护理人员，给房间来个大扫除，或在休产假以前把手头的工作都结束了。其实对孕妈妈来说最重要的就是善待自己。一旦宝宝出生，孕妈妈可能没有时间也没有精力来照顾自己了。

所以怀孕的时候，应该试着看看小说；在床上吃可口的早餐；去树林里散散步；尽量多做一些会使孕妈妈感觉愉快的事情。孕育一个健康可爱宝宝的首要前提就是先照顾好自己。

暂时离开令孕妈妈郁闷的环境

消除烦恼的最直接办法就是暂时离开令孕妈妈感到郁闷的环境。孕妈妈也可以通过参与自己感兴趣的活动，如听音乐、看画册、郊游等，使情绪转向欢乐。

释放不良情绪

如果孕妈妈感觉到郁闷的情绪久久不能散去，应该及时与准爸爸、亲密的朋友倾诉，或者是咨询医生，明确地告诉他们此时的感觉，受到了什么样的困扰。

孕妈妈处在怀孕的非常时期，需要爱人和朋友的精神支持，而只有当他们明白孕妈妈的一切感受时，他们才能给予真正需要的安慰和帮助。

本周重要提示

★ 做好乳房保养 ★

从孕中期开始，乳腺真正发达起来，此时对乳房进行合理的保养，有利于产后哺乳和恢复。

坚持乳房按摩

乳房若出现一般胀痛，孕妈妈可以用双手握住两侧的乳房，两手交替地按摩。

每天有规律地按摩1次，也可以在洗澡或睡觉前进行2～3分钟的按摩。动作要有节奏，乳房的上下左右都要照顾到。

1.首先清洁乳头。用拇指、示指、中指同时向里按压。用手指按住，扭动乳头。

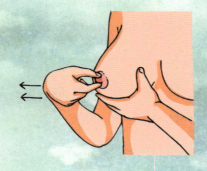

2.用3个手指抓住，扭转乳头。

不要刺激乳房

乳头周围分布着大量的神经，内分泌物是通过神经传导的，如果过多刺激会使催产素分泌过多，作用于子宫，促进子宫收缩，会发生流产、早产。因此孕期不宜过多地刺激乳房和乳头。孕妈妈要时时刻刻注意对乳房的保养，保持乳房的形体美的同时也为将来哺乳打下良好的基础。

保持乳房的大小平衡

孕19周的时候，雌激素分泌越来越多，乳腺导管出现阻塞，乳房里的内基质不断增多，导致乳房中脂肪的堆积，乳房的重量和体积在不断地变化，此时，孕妈妈需要均衡地安排睡觉的侧卧姿势，以免产后乳房大小不一。

第十八周：心脏跳动更加活跃

孕妈妈　准备好迎接第一次胎动。
胎　长　15厘米左右。
胎　重　150克左右。

胎儿和孕妈妈的变化

胎儿进入活跃期

随着心脏跳动的活跃，利用听诊器可以听到胎儿的心跳声音，而且利用超声波检查可以查出心脏是否有异常。这时是胎儿最活跃的阶段，胎儿不时地以脚踢妈妈肚子的方式来表达自己的存在。

可以过性生活

在这一时期，精力逐渐恢复，并发现性欲增强。在怀孕期间，动作温柔的性生活是相当安全的，如果有什么顾虑，可以向医生咨询。

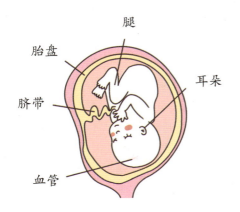

腿
胎盘
耳朵
脐带
血管

营养胎教：巧吃鸡蛋

本周营养重点

重点补充

蛋白质

适量补充

矿物质　综合维生素

鸡蛋中的营养

鸡蛋是孕妈妈不可缺少的营养饮食，它含有的卵黄素、卵磷脂、胆碱，对神经系统和身体发育有利，益智健脑，改善记忆力，促进肝细胞再生。

鸡蛋还有其他重要的微量元素，如钾、钠、镁、磷，特别是蛋黄中的铁质达7毫克/100克。但所含的铁是非血色素铁，单独吃鸡蛋补铁，铁的生物利用率较低，只有3%。贫血的人可与一些维生素C，含有铁的蔬菜、肉类搭配着吃，能很好地提高鸡蛋中铁的吸收。

最营养的食用方法

鸡蛋的吃法多种多样，就营养的吸收和消化率来讲，煮蛋为100%，炒蛋为97%，嫩炸为98%，老炸为81.1%，开水、牛奶冲蛋为92.5%，生吃为30%～50%。由此来说，煮鸡蛋是最佳的食用方法，但要注意细嚼慢咽，否则会影响吸收和消化。

孕妈妈需要注意，茶叶蛋一定要少吃，因为茶叶中含酸化物质，与鸡蛋中的铁元素结合，会刺激胃，影响胃肠的消化功能。鸡蛋是高蛋白食品，孕妈妈最好不要食用过多，食用过多会增加肾脏的负担，每天吃两个鸡蛋就可补充体内所需。而且孕妈妈最好吃整个鸡蛋，因为蛋白中的蛋白质含量较多，而其他营养成分则是蛋黄中含得更多。

食用鸡蛋的误区

有的孕妈妈说常吃鸡蛋会导致胆固醇偏高，其实这种说法并不是完全正确。因为蛋黄中所含的卵磷脂是一种强有力的乳化剂，能使胆固醇和脂肪颗粒变得极细，顺利通过血管壁而被细胞充分利用，从而减少血液中的胆固醇的含量。而且蛋黄中的卵磷脂消化后可释放出胆碱，进入血液中进而合成乙酰胆碱，是神经递质的主要物质，可提高脑功能，增强记忆力。

还有的孕妈妈认为生鸡蛋更有营养，这是不科学的。生吃鸡蛋不仅不卫生，容易引起细菌感染，而且也不营养。生鸡蛋里含有抗生物素蛋白，影响食物中生物素的吸收，导致食欲缺乏、全身无力、肌肉疼痛等症状。另外，生鸡蛋中含有抗胰蛋白酶，会破坏人体的消化功能。至于那些经过孵化，但还没有孵出小鸡的"毛鸡蛋"，就更不卫生了。

浓汤煮鲈鱼

鲈鱼500克，山药150克，枸杞5克，葱段、姜片各10克，精盐、鸡精各2小匙，胡椒粉1/2小匙，白糖1小匙，植物油适量。

1. 把山药削去外皮、洗净，切成滚刀块；枸杞子用清水泡好。

2. 将鲈鱼洗涤整理干净，切下鱼头，剔去鱼骨，取净鲈鱼肉，切成大片。

3. 锅中加油烧热，放入葱段、姜片、鱼头、鱼骨炒香，再添入适量清水，大火煮成乳白色。

4. 加入山药块稍煮，放上精盐、鸡精、胡椒粉、白糖调味，将鱼头、鱼骨、山药捞入碗中。

5. 再将枸杞、鲈鱼肉片放入汤锅中烫熟，连汤一起倒入碗中，即成。

奶香糯米饭

糯米200克，大枣25克，枸杞少许，白糖1大匙，炼乳1小匙，熟猪油1/2大匙，牛奶250克。

1. 将大枣用温水浸泡至软，取出沥水，去掉果核；枸杞子用温水泡发回软；糯米淘洗干净，浸泡6小时。

2. 取一个小盆，先在内侧涂抹上熟猪猪油，再放入大枣、枸杞和泡好的糯米。

3. 再加入牛奶、白糖、炼乳、少许熟猪油调拌均匀，上屉蒸约1小时，取出，翻扣入盘中，即可上桌。

语言胎教：情诗朗诵

《再别康桥》

徐志摩

轻轻的我走了，
正如我轻轻的来；
我轻轻地招手，
作别西天的云彩。
那河畔的金柳，
是夕阳中的新娘，
波光里的艳影，
在我的心头荡漾。
软泥上的青荇，
油油的在水底招摇；

在康河的柔波里，
我甘心做一条水草！
那榆阴下的一潭，
不是清泉，是天上虹；
揉碎在浮藻间，
沉淀着彩虹似的梦。
寻梦？撑一支长篙，
向青草更青处漫溯，
满载一船星辉，

在星辉斑斓里放歌。
但我不能放歌，
悄悄是别离的笙箫；
夏虫也为我沉默，
沉默是今晚的康桥！
悄悄的我走了，
正如我悄悄的来；
我挥一挥衣袖，
不带走一片云彩。

《对月》

歌德

你又悄悄地泻下幽辉，
满布山谷和丛林，
我整个的心灵又一次
把烦恼消除净尽。
你温柔地送来秋波，
普照着我的园林，
像挚友的和蔼的眼光，
注望着我的命运。
在我的胸中还留着
哀乐年华的余响，
如今我只是影只形单，
在忧与喜中彷徨。

流吧，流吧，可爱的溪水！
我不会再有欢欣，
那些戏谑、亲吻和真情，
都已经无影无踪。
可是我也曾一度占有
十分珍贵的至宝！
我永远不能把它忘记，
这真是一种烦恼！
溪水啊，莫停留，莫休止，
沿着山谷流去吧，
合着我的歌曲的调子，
淙淙潺潺地流吧，

不论是在冬夜，当你
泛起怒潮的时候，
或者绕着芳春的嫩草
滟滟流动的时候。
谁能放弃了憎恨之念，
躲避开尘寰浊世，
怀里拥抱着一位挚友，
同享着人所不知。
人所梦想不到的乐趣，
就在这样的夜间，
在心曲的迷宫里漫游，
那真是幸福无边。

音乐胎教：欣赏《乘着歌声的翅膀》

　　推荐孕妈妈欣赏门德尔松的《乘着歌声的翅膀》。这首歌的歌词来自海涅的一首抒情诗。全曲以流畅的旋律和分解的和弦组成柔美的伴奏，描绘了一幅温馨而富有浪漫主义色彩的景象——乘着歌声的翅膀，和亲爱的人一起前往恒河岸旁，在开满红花、玉莲、玫瑰、紫罗兰的宁静月夜，听着远处圣河发出的潺潺涛声，在椰林中享受爱的欢悦、憧憬幸福的梦……

　　曲中不时出现的下行大跳音程，生动地渲染了这美丽动人的情景。

心的觉醒／（法）威廉·阿道夫·布格罗

《乘着歌声的翅膀》

海涅

乘着那歌声的翅膀，
心爱着的人，
我带你飞翔。
走到恒河的岸旁，
那里是最美的好地方。
一座红花盛开的花园，
笼罩着寂静的月光，
莲花在那儿等待。
她们亲密的姑娘，
紫罗兰轻笑耳语，
抬头向星星仰望。
玫瑰花把芬芳的童话，
偷偷地在耳边谈讲。
跳过来静静倾听的，
是善良聪颖的羚羊。
在远方喧嚣着，
圣洁河水的波浪。
我们要在这里躺下，
在那棕榈树的下边，
沐浴着爱情和恬静，
沉醉于幸福的梦幻。

趣味胎教：涂色游戏——小牛

今天，孕妈妈用五彩的画笔为胎儿画个可爱的小牛。

步骤1:按照图片样式描画线条。

步骤2:用肉粉色蜡笔将小牛的身体和头部填上。

步骤3:将小牛的脚用黑色蜡笔填好。

步骤4:用黄色蜡笔填上小牛的嘴巴。

步骤5:用褐色蜡笔涂上小牛的犄角。

步骤6:用红色蜡笔填上小牛的前胸，完成。

本周重要提示

在18周左右，孕妈妈需要做一次产前检查，进行B超畸形筛查。如果一切正常，医生会鼓励孕妈妈继续均衡饮食，少食多餐，适度运动。

详细的超声波检查

孕18周时做超声波检查，主要看胎儿外观发育上是否有较大的问题。

医生会仔细量胎儿的头围、腹围、看大腿骨长度及检视脊柱是否有先天性异常。

在16周时，已可看出胎儿性别，但在20周时，准确率更高。

羊水穿刺检查

羊水检查是产前诊断常用的有创伤性的一种方法。利用羊水检查，可预测多种新生儿疾病：

染色体或遗传代谢疾病：可以用羊水中胎儿脱落下来的细胞做培养实验，细胞培养后可检测染色体疾病或遗传代谢病，这种检测方法比较科学、准确。

无脑儿或开放型脊柱裂畸形：可以通过检查羊水中甲胎蛋白的含量来判断胎儿是否患有疾病。当正常怀孕15～20周时，羊水中甲胎蛋白的含量在10微克/毫升以下。若偏离此数值，就有可能发生无脑儿或开放型脊柱裂畸形等。

有时甲胎蛋白的含量会有所增高，甚至会高出20倍以上。就可能会出现Rh溶血病、先天性食管闭锁、先天性肾病等，都会有甲胎蛋白增高的现象。

这些孕妈最好做羊膜腔穿刺	
1	年龄超过35岁的孕妈妈
2	孕妈妈本身或直系亲属曾生育先天缺陷儿
3	家族中有遗传性疾病的孕妈妈
4	母血筛查唐氏综合征结果异常的孕妈妈
5	本人或配偶有遗传性疾病的孕妈妈
6	本人或配偶有染色体异常的孕妈妈
7	本次怀孕疑似有染色体异常的孕妈妈
8	有习惯性流产的孕妈妈

第十九周：表情越来越丰富

孕妈妈 乳房要好好准备。
胎　长 16.5厘米左右。
胎　重 200克左右。

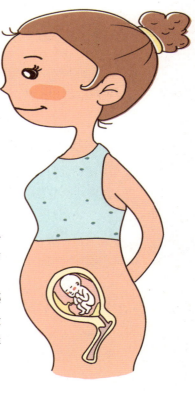

胎儿和孕妈妈的变化

皮脂形成了

胎儿皮肤的腺体分泌出一种黏稠的、白色的油脂样物质，称为胎儿皮脂，有防水屏障的作用，可防止皮肤在羊水中过度浸泡。

白带增多

由于流入阴道周围皮肤或肌肉的血液量增加，阴道内白色或淡黄色白带会增多。如果分泌物有异味或者带绿色，并且有些黏稠，则表示阴道有可能被感染，所以要注意观察。分泌物很多时最好垫上护垫，同时要穿棉料内衣，这样能减少分泌物对皮肤的刺激。

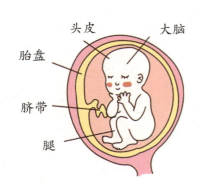

头皮　大脑
胎盘
脐带
腿

营养胎教：不要忽略维生素A

本周营养重点

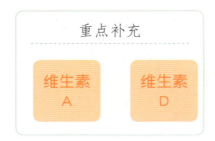

重点补充

维生素A　维生素D

适量补充

钙　铁

维生素A的作用

　　孕19周孕妈妈应加强对维生素A的补充。维生素A对维持正常视觉有重要作用，它是构成视觉细胞内感光物质的成分。严重缺乏维生素A会导致色盲。不仅如此，维生素A也是正常骨骼发育所必需的，缺乏时会导致成骨与破骨之间的不平衡，并造成神经系统异常。

富含维生素A的食物

　　植物性食物——绿叶菜类、黄色菜类以及水果类，含量较丰富的有菠菜、苜蓿、豌豆苗、红心甜薯、胡萝卜、青椒、南瓜、番茄、豌豆、芹菜、莴苣和芦笋等。

　　动物性食物——这一类是能够直接被人体利用的维生素A，主要存在于动物肝脏、牛奶及乳制品（未脱脂奶）及禽蛋中。但烧烤、煎炸的肉和肉排中缺乏这种维生素。

一周美味食谱

青瓜炒虾仁

黄瓜250克，腰果50克，虾仁150克，胡萝卜1根，葱花适量，精盐1小匙，植物油1大匙。

1　黄瓜洗净，去皮，切成片；胡萝卜洗净，切成同黄瓜片大小相仿的片；虾仁用沸水焯一下，捞出控水。

2　炒锅烧热，加植物油，六成热时将腰果下入锅中炸熟，捞出沥油。

3　锅中油升温至八成热时，放葱花爆香，倒入黄瓜片、胡萝卜片、腰果、虾仁翻炒均匀，最后加精盐调味即可。

腰果爆鸡丁

鸡胸肉250克，熟腰果50克，豌豆粒25克，鸡蛋清1个，葱末、姜末、蒜末各15克，精盐2小匙，水淀粉3大匙，花椒水、料酒、植物油各1大匙，鸡汤50克。

1 将鸡胸肉洗净，切成小丁，放入碗中，加入鸡蛋清、水淀粉抓匀上浆，然后下入四成热油锅中滑散至熟，捞出沥油。

2 锅中留少许底油烧热，先下入葱末、姜末、蒜末炝锅，再放入豌豆粒，添入鸡汤，加入精盐、料酒、花椒水煮沸。

3 下入鸡肉丁、腰果爆炒片刻，再用水淀粉勾芡，淋入少许明油，即可出锅装盘。

腐竹蛤蜊汤

腐竹150克，蛤蜊300克，芹菜80克，精盐2小匙，香油少许，高汤1500克。

1 将蛤蜊放入淡盐水中浸泡，使其吐净泥沙，再用清水洗净，沥干水分。

2 将腐竹洗净，用清水泡软，沥去水分，切成小段；芹菜择去叶片，洗净，切成细末。

3 锅置火上，加入高汤烧沸，先放入腐竹段煮沸，再放入蛤蜊煮至壳开。

4 加入精盐、香油及芹菜末煮至入味，出锅装碗即可。

语言胎教：散文《我的母亲》

《我的母亲》（节选）

胡适

我母亲管束我最严。她是慈母兼任严父。但她从来不在别人面前骂我一句，打我一下。我做错了事，她只对我一望，我看见了她的严厉眼光，便吓住了。犯的事小，她等到第二天早晨我眠醒时才教训我。犯的事大，她等到晚上人静时，关了房门，先责备我，然后行罚，或罚跪，或拧我的肉。无论怎样重罚，总不许我哭出声音来。她教训儿子不是藉此出气叫别人听的。

有一个初秋的傍晚，我吃了晚饭，在门口玩，身上只穿着一件单背心。这时候我母亲的妹子玉英姨母在我家住，她怕我冷了，拿了一件小衫出来叫我穿上。我不肯穿，她说："穿上吧，凉了。"我随口

回答："娘（凉）甚么！老子都不老子呀。"我刚说了这一句，一抬头，看见母亲从家里走出，我赶快把小衫穿上。但她已听见这句轻薄的话了。晚上人静后，她罚我跪下，重重的责罚了一顿。她说："你没了老子，是多么得意的事！好用来说嘴！"她气的坐着发抖，也不许我上床去睡。我跪着哭，用手擦眼泪，不知擦进了甚么微菌，后来足足害了一年多的眼翳病。医来医去，总医不好。我母亲心里又悔又急，听说眼翳可以用舌头舔去，有一夜她把我叫醒，真用舌头舔我的病眼。这是我的严师，我的慈母。

音乐胎教：聆听《小夜曲》

所谓小夜曲，是指在爱人窗下唱出的情歌。许多音乐大师都创作过小夜曲，如莫扎特、舒伯特、海顿都创作过。这里我们给孕妈妈推荐的是舒伯特所写的《小夜曲》。

在六弦琴音效的导引下，响起了一个青年向他心爱的姑娘所做的深情倾诉。第一段在恳求、期待的情绪中结束。抒情而安谧的间奏之后，音乐转入同名大调，情绪比较激动，形成全曲的高潮。最后是由第二段引申而来的后奏，仿佛爱情的歌声在夜曲的旋律中回荡。

舒伯特肖像

知识胎教：奇怪的小动物

每一个妈妈都非常地喜爱和关心自己的宝宝。动物妈妈也不例外。这里推荐孕妈妈给胎儿讲关于袋鼠和考拉的故事。

袋鼠的生活

刚出生的小袋鼠只有2厘米长，耳目紧闭，后肢被一层透明的胎膜包裹着。袋鼠妈妈仰躺着身子，尾巴从两腿之间伸出来，用舌头从尾巴根部向着育儿袋方向，舔出了一条潮湿的"小路"。小袋鼠虽然又聋又瞎，可它凭着本能，沿着母袋鼠舔出来的"小路"，左右摇晃，直到艰难地爬进母亲育儿袋里。

小袋鼠长到7个月大，才会短暂地从育儿袋里爬出，感受外面的世界。每天清晨，袋鼠妈妈带着孩子沐浴着阳光。小袋鼠异常调皮，在妈妈的腹袋里吃完奶后就钻出来透气儿。育儿袋像橡皮袋似的，极富弹性，能自如地拉开、合拢，小家伙出出进进非常方便。袋鼠妈妈一边低头吃草，一边警觉地观察四周，有时也会慈爱地帮孩子梳理毛发。

小袋鼠扑闪着长睫毛，驱赶苍蝇，温顺地倚在妈妈身上撒娇。

袋鼠岛看似宁静，危险却无处不在。经常，天空中忽然掠过一只楔尾鹰的影子，它展开宽2米的黑色双翼盘旋。与生俱来的危机感，让小袋鼠哧溜一下钻回母亲的"避风港"，只露出亮晶晶的大眼睛，不安地望着外面的世界。

小袋鼠一天天长大，育儿袋再也容纳不下它。它们只好搬到外面生活，但依旧会将头钻到育儿袋里去吃奶，直到三四岁发育成熟后，才离开母亲独自生活……

"懒汉"考拉

考拉学名树袋熊，"考拉"的叫法源于澳洲土著语Koala，意思是"不喝水"，它们仅在生病时和干旱季节喝水，身体所需的水分90%来自所食的桉树叶。成年的考拉每天能吃掉1.5千克桉树叶。

考拉被当地人亲切地称为"懒汉"。考拉每天的睡眠时间在20小时左右。白天，阳光透过密密的树叶暖暖地照下来，洒下一片斑驳的碎影。一只只考拉慵懒地悬挂在低矮的树杈间，摊开四肢微微摇摆，安静地享受阳光轻柔的抚慰。小考拉刚出生只有2厘米多一点，身重仅5克，通体无毛，像一颗粉红色的软糖。在妈妈的帮助下，小家伙藏到母考拉腹部的育儿袋中，靠乳汁生活到6个月大。等小考拉一天天长大，它会爬到母亲背上，直至1岁左右离开妈妈，自己开始采食桉树叶独立生活。

趣味胎教：动手画简笔画——手表

孕妈妈在画画时，大脑对色彩的反应很积极、强烈，胎儿也能感受到。画画还能使孕妈妈精神集中，有利于平复心绪、愉悦心情。

步骤1：画出圆形。

步骤2：画出表的指针。

步骤3：画出表带。

步骤4：画出表带上的花纹，完成。

孕妈妈画一画

本周重要提示

★ 学会数胎动 ★

数胎动是判断胎儿安全与否的一种简单而直观的手段。因此，孕妈妈要每天坚持记录。

胎动的强弱和次数个体差异很大。有的12小时多达100次以上，有的只有30～40次。但只要胎动有规律、有节奏，变化曲线不大，都说明胎儿发育是正常的。

一般从孕28周开始数胎动，直至分娩。每天早、中、晚固定一个自己最方便的时间数3次胎动，每次数一小时。

数胎动时可以坐在椅子上，也可以侧卧在床上，把双手轻放在腹壁上，静下心来专心体会胎儿的活动。用纽扣或其他物品来计数，胎动一次放一粒纽扣在盒中，从胎儿开始活动到停止算一次，如其中连续动几下也只算一次。一小时后，盒中的纽扣数即为一小时的胎动数，将3次数得的胎动数相加，再乘以4，即为12小时的胎动数，将结果记录下来。

第二十周：胎儿认识妈妈的声音

宫　高　16～20.5厘米。
胎　长　17～18厘米。
胎　重　260克左右。

胎儿和孕妈妈的变化

感觉器官迅速发育

此时的胎儿完全具备了人体应有的神经系统，神经之间已经互相连接，而且肌肉比较发达，所以胎儿可以随意活动。胎儿有时伸懒腰，有时用手抓东西，有时还能转动身体。本周是胎儿的味觉、嗅觉、听觉、视觉和触觉等感觉器官发育的关键期。

腰部线条完全消失

子宫逐渐地往外挤，所以腹部会越来越大，而且腰部线条会完全消失。由于腹部的压力，肚脐会突出。随着子宫的增大，肺、胃、肾等器官会受到压迫，所以会出现呼吸困难、消化不良、尿频等症状，有时还会出现尿失禁的情况。

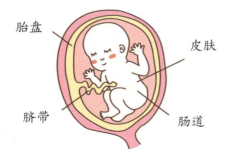

营养胎教：怎样吃能减少热量的摄取

本周营养重点

重点补充		适量补充	
蛋白质	钙	无机盐	综合维生素

营养均衡最重要

热能

每天主食摄入量应达到或高于400千克，并且精细粮与粗杂粮搭配食用，热能增加的量可视孕妈妈体重的增长情况、劳动强度进行调整。

优质蛋白质

每天比孕早期多摄入蛋白质。动物蛋白质占全部蛋白质的一半以上。

脂肪

孕妈妈应适当增加植物油的摄入量，也可适当选食花生仁、核桃、芝麻等含必需脂肪酸较高的食物。

维生素

主食要有米、面并搭配杂粮，保证孕妈妈摄入足够的维生素。部分孕妈妈缺乏维生素D，应注意多吃海水鱼、动物肝脏及蛋黄等富含维生素D的食物。

无机盐和微量元素

孕中期，孕妈妈应多吃含钙丰富的食物，如乳类及乳制品、豆制品、鱼、虾等食物。每日应摄入钙不少于1 000毫克；摄入足量的锌和铁也是同样重要的，建议孕妈妈每日锌摄入量为20毫克，铁摄入量为25毫克。

这样吃，长胎不长肉

肉类

肉类富含蛋白质。一般情况下，鸡肉的热量比牛肉和猪肉低一些。同一种肉类比较，瘦肉部分比肥肉部分热量低一些。在烹饪过程中可切除多余肥肉。

如果是鸡蛋，水煮蛋的热量要比煎蛋少很多。

鱼类

不是所有的鱼类都是低热量、高蛋白的。鱼类中热量比较低的种类有比目鱼、鳕鱼、偏口鱼等白色鱼种。通常鱼的背部蛋白质含量高，腹部的脂肪含量高。在烹调鱼类的时候，应尽量避免油炸，可以选择烤制方式。

水果类

孕妈妈在孕期可以多吃水果，但是水果中含有大量的糖分，所以要注意防止热量的过度摄取。通常像香蕉、葡萄、菠萝等比较甜的水果热量较高，而柑橘类和水分多的水果热量相对较低，如西瓜、柚子、草莓、梨等。

蔬菜类

蔬菜属于低热量食物，而且很容易使人产生饱足感，富含维生素、无机物、纤维等成分。孕妈妈在孕期即使大量食用绿黄色蔬菜和菌类、海藻类等食物，也不会带来任何副作用。在烹饪蔬菜时，做成沙拉或凉拌的形式比用油炒的效果好。

牛肉萝卜汤

牛肉150克，白萝卜200克，香菜末10克，姜末1小匙，小苏打、淀粉各少许，香油、精盐各适量。

1　将牛肉洗净，切成薄片，放入碗中，加小苏打、少许精盐、姜末和淀粉拌均匀，使之入味儿；白萝卜洗净，切成薄片。

2　用大火将水烧开，放入白萝卜片煮开，煮至白萝卜透明后下牛肉片搅散再开锅即关火，加精盐、香油调味儿，撒入香菜末即可。

温拌蜇头蛏子

蛏肉200克，蜇头片150克，黄瓜丝、豆皮丝、水发木耳丝、红椒圈各20克，香菜段10克，葱丝、姜丝、蒜片各15克，精盐、鸡精、白糖、蚝油、酱油、生抽、香油各适量。

1 锅中加植物油烧热，下入葱丝、姜丝、蒜片、红椒圈炒香，再加入精盐、鸡精、白糖、酱油、蚝油、生抽烧沸成味汁，倒入碗中。

2 锅中加入清水烧沸，放入蛏子肉、蜇头片、豆皮丝、木耳焯烫一下，捞出沥水。

3 再放入黄瓜丝，倒入味汁，撒上香菜段，淋入香油拌匀，即可装盘上桌。

山药炒香菇

山药300克，鲜香菇、胡萝卜各80克，红枣10枚，葱段10克，精盐1小匙，酱油1/2大匙，胡椒粉1/2小匙，植物油2大匙。

1 胡萝卜去皮，洗净，切成薄片；香菇去蒂，洗净，片成薄片；红枣洗净，泡软。

2 山药去皮，洗净，切成薄片，再放入清水盆中，加入少许精盐浸泡。

3 锅中加油烧热，先下入葱段炒香，再放入山药、香菇、胡萝卜炒匀。

4 加入红枣、酱油和适量清水炒至山药、红枣熟软，再放入精盐、胡椒粉炒匀至入味，即可出锅装盘。

语言胎教：诗歌《寻梦者》

《寻梦者》

戴望舒

梦会开出花来的，
梦会开出娇妍的花来的：
去求无价的珍宝吧。
在青色的大海里，
在青色的大海的底里，
深藏着金色的贝一枚。
你去攀九年的冰山吧，
你去航九年的旱海吧，
然后你逢到那金色的贝。
它有天上的云雨声，
它有海上的风涛声，
它会使你的心沉醉。
把它在海水里养九年，
把它在天水里养九年，
然后，它在一个暗夜里开绽了。
当你鬓发斑斑了的时候，
当你眼睛蒙眬了的时候，
金色的贝吐出桃色的珠。
把桃色的珠放在你怀里，
把桃色的珠放在你枕边，
于是一个梦静静地升上来了。
你的梦开出花来了，
你的梦开出娇妍的花来了，
在你已衰老了的时候。

音乐胎教：聆听《吉檀迦利》

《吉檀迦利》是"亚洲第一诗人"泰戈尔创作的佳作，是最能代表他思想观念和艺术风格的作品。《吉檀迦利》是他获得诺贝尔文学奖的作品。这部抒情诗集，风格清新自然，带着泥土的芬芳。泰戈尔以轻快、欢畅的笔调歌唱生命的枯荣、现实生活的欢乐和悲哀。这里推荐孕妈妈朗诵冰心翻译的《吉檀迦利》其中的一首。冰心的译诗在选辞和情感表达方面更温柔细腻。

这掠过婴儿眼上的睡眠——有谁知道它是从哪里来的吗？是的，有谣传说它住在林荫中，萤火朦胧照着的仙村里，那里挂着两颗甜柔迷人的花蕊。它从那里来吻着婴儿的眼睛。

在婴儿睡梦中唇上闪现的微笑——有谁知道它是从哪里生出来的吗？是的，有谣传说一线新月的微笑，触到了消散的秋云的边缘，微笑就在被朝雾洗净的晨梦中，第一次生出来了——这就是那婴儿睡梦中唇上闪现的微笑。

在婴儿的四肢上，花朵般地喷发的甜柔清新的生气，有谁知道它是在哪里藏了这么许久吗？是的，当母亲还是一个少女，它就在温柔安静的爱的神秘中，充塞在她的心里了——这就是那婴儿四肢上喷发的甜柔新鲜的生气。

仁爱／（法）威廉·阿道夫·布格罗

知识胎教：了解动植物百科

今天为孕妈妈介绍一下关于动植物的知识，相信孕妈妈一定会有不少收获。孕妈妈还要认真地读出声来，让胎儿在这种美好的环境之下，一同感受鸟类与植物世界的美好。

尖尾雨燕——飞行速度最快的鸟

尖尾雨燕平时飞行的速度为170千米/小时，最快时可达352.5千米/小时，堪称飞得最快的鸟。

柯利鸟——最大的飞鸟

生活在非洲东南部的柯利鸟，翅膀长达2.56米，体重在18千克左右，是世界上能飞行的鸟中体重最大的。

非洲鸵鸟——体形最大的鸟

世界上体形最大的现生鸟类是生活在阿拉伯和非洲地区的非洲鸵鸟，它的体重56千克左右，最重的可达75千克，身高达2～3米。

可能是太重的缘故，它不能飞翔。它的卵重约1.5千克，长17.8厘米，大约等于30～40个鸡蛋的总重量，是现今最大的鸟卵。

沁人心脾的紫丁香

紫丁香于春季盛开，芬芳袭人，是人们极为喜爱的花卉之一。由于丁香花朵纤小文弱，花筒稍长，因此给人以欲尽未放之感。宋代王十朋称丁香"结愁千绪，似忆江南主"。历代吟咏丁香的诗，大多有典雅庄重、情味隽永的特点。

中国古代的丁香文化

孕妈妈可以读一下诗人们的诗句，感受一下丁香文化的意境。

《江头四咏·丁香》	《代赠》
杜甫	李商隐
丁香体柔弱，乱结枝犹垫。	楼山黄昏欲望休，
细叶带浮毛，疏花披素艳。	玉梯横绝月如钩。
深栽小斋后，庶近幽人占。	芭蕉不展丁香结，
晚堕兰麝中，休怀粉身念。	同向春风各自愁。

趣味胎教：数胎动真有趣

胎动是胎儿和孕妈妈之间亲密的互动，第一次胎动会使孕妈妈激动万分，孕妈妈会感觉到胎儿是真实存在的。

胎动时，胎儿在做哪些运动

肢体运动：伸伸胳膊、扭一下身子等，每一下动作持续时间一般为1～15秒。

下肢运动：也就是我们常常感觉到的胎儿的踢腿运动。这种动作很快，力量比较弱，每一下胎动持续时间一般在1秒以内。

胸壁运动：比较短而弱，一般孕妈妈不太容易感觉得到。

胎儿这时最活跃

吃饭以后：吃饭以后，孕妈妈体内血糖含量增加，胎儿也"吃饱喝足"有力气了，所以胎动会变得比饭前要频繁一些。

洗澡的时候：因为在洗澡时孕妈妈会觉得比较放松，这种情绪会传达给胎儿，他就比较有精神。

对着肚子说话的时候：准爸爸和孕妈妈在和胎儿交流的时候，胎儿会有回应，用胎动的方式表达自己的感觉。

听音乐的时候：受到音乐的刺激，胎儿会变得喜欢动，这也是传达情绪的一种方法。

本周重要提示

✖ 测量宫底高度 ✖

宫底高是下腹耻骨联合处至子宫底部的高度，它和胎儿在子宫内的生长发育情况密切相关。

测量方法	
1	排空小便，平躺或半卧在床上
2	用软尺测量耻骨联合上缘中点至宫底的距离
3	一般从怀孕20周开始，每4周测量1次；怀孕28～35周每两周测量1次；怀孕36周后每周测量1次

宫底高度的变化规律				
孕周	腹围上限	腹围下限	标准	宫底位置
20	76	89	82	在肚脐下约1横指
24	80	91	85	在肚脐上约1横指
28	82	94	87	在肚脐上约3横指
32	84	95	89	约在肚脐与胸骨下端剑突之间
36	86	98	92	宫底达到最高值，其中央部分在胸骨剑突下2横指
40	89	100	94	胎头下降到骨盆，宫底恢复到孕32周时的高度
孕16～36周，宫底高度平均每周增加0.8～0.9厘米，孕36周以后增加速度减慢，每周增加0.4～0.5厘米				

第六章

孕六月 感受到胎儿的存在

第二十一周：消化器官开始发育

宫　高　17～8.46英寸。
胎　长　19厘米左右。
胎　重　300克左右。

胎儿和孕妈妈的变化

味蕾形成了

此时胎儿的消化器官越来越发达，可以从羊水中吸取水和糖分。随着胎脂的增多，胎儿的身体处于滑润的状态。胎儿舌头上的味蕾已经形成，会不时地吮吸自己的拇指或摸脸蛋。

出现脚部水肿

孕妈妈体重会增加5～6千克，所以下半身容易出现疲劳或者腰痛的现象。另外，在夜间容易感到发生脚部水肿或者小腿痉挛。睡觉前按摩小腿或使劲拉动疼痛的大脚趾，就能有效减轻疼痛。

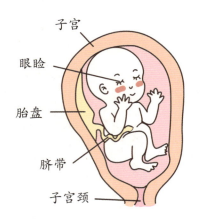

子宫
眼睑
胎盘
脐带
子宫颈

营养胎教：补充优质营养素

本周营养重点

重点补充

蛋白质

适量补充

铁

综合维生素

保证足量的优质蛋白质

孕中期是母体和胎儿发育的快速时期，也是胎儿脑细胞分化发育的第一个高峰。孕妈妈每日应在原基础上增加15克蛋白质，一半以上应为优质蛋白质，来源于动物性食品和大豆类食品。

各类维生素详解

维生素	富含维生素的食物
维生素A	动物肝脏、乳类、乳制品及禽蛋、绿叶菜类、黄色菜类及水果等
维生素B_1	谷物皮、豆类、坚果类、芹菜、瘦肉、动物内脏、小米等
维生素B_2	动物肝脏如肝、肾、心、猪肉、小麦粉、羊肾、鸡肝、大米、黄瓜等
维生素B_6	肉类食物，如牛肉、鸡肉、鱼肉和动物内脏等；全谷物食物，如燕麦、小麦麸、麦芽等；豆类，如豌豆、大豆等；坚果类，如花生、胡桃等
维生素B_{12}	只有肉类食物中才含有维生素B_{12}，所以准备的食物一定要荤素搭配均匀。主要食物来源为肉类、动物内脏、鱼、禽、贝壳类及蛋类等
维生素C	新鲜的蔬菜和水果。野生的苋菜、苜蓿、刺梨、沙棘、猕猴桃、酸枣等维生素C含量尤其丰富
维生素D	在自然界中只有很少的食物含有维生素D。动物性食物是天然维生素D的主要来源，如含脂肪高的海鱼和鱼卵、动物肝脏、蛋黄、奶油和奶酪中含量相对较多

一周美味食谱

高汤鸡肉猴头菇

鸡肉400克，黄芪、白术、猴头菇各50克，冬笋1/2根，植物油1大匙，料酒、姜片、葱段、酱油、高汤、精盐、水淀粉各适量。

1 黄芪和白术先煎取汁200毫升；猴头菇去掉针刺和老根，切成片；冬笋切片；鸡肉切块。

2 锅内放油烧至七成热，先炒鸡肉块和猴头菇片，变色后加料酒、姜片、葱段和酱油炒几下，加高汤，用小火焖至肉烂，拣去姜片、葱段，以精盐调味，水淀粉勾芡即可。

泡椒四季豆

四季豆500克，泡椒50克，葱花、蒜末各5克，精盐、鸡精各1小匙，水淀粉2小匙，鲜汤300克，植物油5大匙。

1 将四季豆去筋，洗净，切成小段；泡椒洗净，切成细末。

2 坐锅点火，加油烧至六成热，先下入泡椒末、蒜末、葱花炒出香味。

3 再添入鲜汤，放入四季豆、精盐、鸡精烧约15分钟，然后用水淀粉勾芡，即可出锅装盘。

核桃仁炒西蓝花

西蓝花200克，核桃仁50克，植物油、蒜片、精盐、鸡精各适量。

1 将西蓝花洗净后切成小朵。

2 凉锅凉油放入核桃仁，慢慢炒熟，盛出备用。

3 锅中水开后，放入少许精盐和植物油，再放入西蓝花，水开后再焯几秒钟，捞出西蓝花放入凉水中过凉。

4 锅中放油，油六成热时，放入蒜片、西蓝花、核桃仁，翻炒两分钟，加精盐、鸡精调味即可。

运动胎教：有助于顺产的孕妇操

在做运动操的过程中，可以备一首轻松的背景音乐，对于活泼好动的胎儿，可多听一些舒缓优美的乐曲，对于文静少动的胎儿，则应多听一些明快轻松的音乐。并且不时和胎儿说话，夸奖他几句，观察他的反应。

扭腰运动

1.收腹，收缩臀部，举起右臂。

2.向右倾斜，同时用左手支撑骨盆的位置，最少保持这种伸展20秒钟。

脚部运动

1.端坐椅子上，脚和地面垂直，双脚并拢，脚心平放。

2.脚尖使劲上翘，待呼吸一次后，再恢复原状，然后重复做。

3.将一脚放在另一腿上，上面腿的脚尖慢慢上下活动。然后再换另一条腿，动作同上。

趣味胎教：手工捏纸

　　可以先沿着画好的线粘一圈纸团，这样能保证轮廓更加清晰。需要准备的工具有剪刀、卡纸、皱纹纸、胶水、铅笔。

步骤1：准备一些黄色、红色、橙色的纸团。

步骤2：在纸上画出小鸡的轮廓。

步骤3：用黄色纸团将小鸡的身体粘满。

步骤4：再用红色的毛线粘好小鸡的腿部。

步骤5：用橘黄的纸团将小鸡的翅膀粘好。

步骤6：再用红色纸团将小鸡的嘴粘满，可爱的小鸡就完成了。

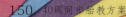

语言胎教：致我的宝贝

在胎教的实施过程中，孕妈妈更应注意从书籍中吸取精神营养。闲暇时给胎儿念念散文或诗歌，既能让胎儿接受语言胎教，培养宝宝将来的语言发展能力，又能加强母子间的交流。

我亲爱的宝贝，
每次呼唤你的时候，
都充满了感恩和快乐。
你是上天赐予我们的礼物。
从知道你存在的那一天起，
这个世界就变了。

爸爸妈妈终于要成为真正的父母了，
是因为你，我们对世界有了新的认识。
我亲爱的宝贝，
爸爸因为想要见到你，
不知道有多激动，
还常常用耳朵去倾听你的声音。

我亲爱的宝贝，妈妈为了你，
认真地挑选每一首音乐、
每一本书，每一种食物……
想把所有的美好送给你。
宝贝啊，我亲爱的宝贝！
我知道，每一天，
你都能感受到我们的爱！

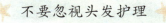

本周重要提示

不要忽视头发护理

保养头发是一件需要长时间下工夫的事情，而孕期正是改善发质的好时机。如果孕妈妈舍得，就剪一个清爽的短发吧。

根据发质清洗头发

发质	清洗方法
油性发质	油性发质要保持1～2天洗1次。洗头时不能将洗发水直接倒在头发上，应将洗发水倒在手心，揉出丰富的泡沫后再清洗头发
中性发质	2～3天洗1次即可。不必要特别选择去油或滋润配方。可以选用婴幼儿专用的洗发水，减少对头发和皮肤的刺激
干性发质	建议使用质地柔和的洗发水，并用护发素护理头发。3～5天洗1次头即可，频繁地洗头会使头发变得更加干枯

洗发步骤和方法

步骤	方法
1	先将头发倒着梳通，切忌用力拉扯头发
2	用37℃～40℃的温水冲洗头发，冲掉灰尘和污垢
3	将洗发水倒在手上，加少量水揉搓出丰富的泡沫，均匀地涂抹在头发上，用指腹轻轻按摩头皮，不要用指甲抓挠，按摩后停留5分钟，然后用温水冲洗干净
4	洗完后用吸水性较好的毛巾尽量吸去水分，不要用毛巾反复搓头发

第二十二周：胎儿的骨骼完全形成

宫　高　18～22.5厘米。
胎　长　20厘米左右。
胎　重　350克左右。

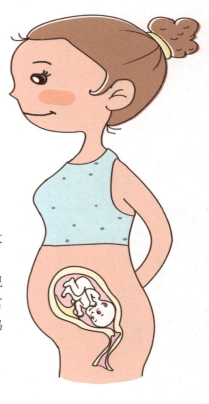

胎儿和孕妈妈的变化

汗腺已经形成

　　胎儿现在有了汗腺，血管仍然可见，但皮肤不像以前那样透明了。他的指甲完全形成并继续生长。如果是个男孩，睾丸开始从骨盆向下降入阴囊内。原始精子在睾丸里已经形成。

此时容易引起贫血

　　这个时期孕妈妈的血液量会大大增加，但因为需求量增加更大，因此孕妈妈在孕中期还是容易出现贫血和眩晕的症状。此时由于子宫增大，身体重心发生偏移，孕妈妈日常活动时要注意安全。

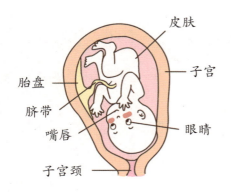

皮肤
子宫
胎盘
脐带
嘴唇
眼睛
子宫颈

营养胎教：补铁要跟上

本周营养重点

重点补充	适量补充
铁	综合维生素

孕期铁的需求量

孕妈妈在整个妊娠期约需1 000毫克铁(比非妊娠女性增加15%～20%)，其中胎儿需铁400～500毫克；胎盘需铁60～100毫克；子宫需铁40～50毫克；母体血红蛋白增多，需铁400～500毫克；分娩失血，需铁100～200毫克。

富含铁的食物	
谷类	糙米、小米、玉米、燕麦
豆类	绿豆、紫芸豆、黑芝麻
菌藻类	紫菜、海带、口蘑、杆蘑、黑木耳
海产品	海蜇皮、海蜇头、虾米、虾皮等
蔬菜类	菠菜、芹菜叶、苦菜、土豆等
动物类	动物的肝脏，尤以猪肝、鸭肝含量为高

缺铁的危害

铁缺乏是女性在怀孕期常见的营养缺乏问题之一，它与重度铁缺乏时造成的缺铁性贫血一样严重威胁着孕妈妈和胎儿的健康。如果孕妈妈怀孕期间膳食中的营养供给不足，胎儿就会直接吸收母体内储存的营养，导致母体内营养缺乏，影响孕妈妈的身体健康。一些研究显示，孕妈妈缺铁与产后抑郁也有关联。

孕妈妈缺铁性贫血也可能导致早产、胎儿出生体重低、胎死宫内和新生儿死亡等。因此孕妈妈因营养不良而造成缺铁，不仅危害自身的健康，也会影响胎儿的发育。

多吃有助于铁吸收的食物

水果和蔬菜不仅能够补铁，所含的维生素C还可以促进铁在肠道内的吸收。因此，在吃富铁食物的同时，最好一同多吃一些水果和蔬菜。鸡蛋最好和肉同时食用，以提高鸡蛋中铁的利用率，或者鸡蛋和番茄同时食用，番茄中的维生素C可以提高铁的吸收率。

一般来说，如果饮食丰富，每天吃一定量的红肉(推荐量为100～200克)，如牛肉、羊肉、猪肉，基本就可以满足需要了。

怀孕的中后期，孕妈妈对营养的需求逐渐增加，可能需要补充些维生素和矿物质的合剂，可根据医生的建议补充。

总之，对营养补充有两个原则：一是能从普通食物中补充的就不要服用营养补充剂；二是要注意用量，过犹不及，缺乏和过量同样可能对人体产生不良反应。

> ### ·小贴士·
>
> 铁元素在确保向胎儿正常供氧外，还能促进胎儿的正常生长发育以及防止早产。特别是孕中期之后的孕妈妈，不管是否有贫血病史，都要注意补铁，或根据检测及医生要求，多吃富含铁的食物。

虾仁青瓜烙

黄瓜500克，净虾仁50克，糯米粉150克，炼乳、橙汁各1大匙，精盐、鸡精各1/2小匙，植物油750克。

1 将炼乳、橙汁放入小碗中调拌均匀，制成味汁。

2 将黄瓜洗净，切成粗条，与虾仁一同放入碗中，加入精盐、鸡精腌至入味，再加入糯米粉抓拌均匀。

3 坐锅点火，加入植物油烧至七成热，放入黄瓜丝、虾仁炸至酥脆，捞出装盘，与调好的味汁一同上桌蘸食即可。

淮山烧鲇鱼

净鲇鱼1条，山药片150克，油菜50克，红椒丝15克，鸡蛋2个，葱段、姜片、桂皮、香叶各25克，精盐、酱油各2小匙，白糖、料酒、淀粉各1小匙，植物油适量。

1 油菜择洗干净，放入沸水锅内焯烫至熟，捞出；鲇鱼洗净，剁成小块，挂匀淀粉和鸡蛋液，放入油锅内炸至透，捞出沥油。

2 锅中加底油烧热，煸香葱段、姜片，再放入精盐、酱油、白糖、料酒、桂皮、香叶炒香。

3 加入鲇鱼块、山药片、红椒丝及清水，小火烧熟，出锅装盘，再摆上焯好的油菜即可。

语言胎教：睡前故事《萤火虫和小星星》

要睡觉了，孕妈妈躺在床上，一边播放《小星星》的钢琴曲，一边给胎儿讲述《萤火虫和小星星》的故事。如果此时窗外正是繁星点点，那就更好了，孕妈妈可以眼望星空，想象着故事中的画面，再把这些画面形象地传达给腹中的胎儿，直到两个人不知不觉地安然睡去。

萤火虫和小星星

天上，白云边，一颗小星星在一闪一闪。地上、小河边，一群萤火虫在一亮一亮。"喂，上来吧，我们来玩捉迷藏好吗？"天上的小星星把半个脸躲进白云里，向地上的萤火虫眨着眼睛。

"好啊，你等着吧！"地上的萤火虫忙起来了，提着盏小灯笼，在草丛里走来走去。

"你在干什么？"天上的小星星从白云后面走出来，把眼睛睁得大大的。

"在找针线呢。"萤火虫回答说，头也不抬。

"找针线干什么？"小星星又问。

"缝航天衣。"

"缝航天衣干什么？"

"咦，你不是邀请我到天上去玩儿吗？"

"那好，我帮你一起来找吧。"小星星"呼"的一下，从天上落下来，帮萤火虫找针线。

小妹妹在院子里，听到了小星星和萤火虫的谈话，出来一看，只见草丛里，瓜棚下，到处一闪一闪的。小星星呢？它和萤火虫在一起飞来飞去，怎么也认不出来。小妹妹想：天上多美啊！

第二天晚上，小妹妹来到小河边，可再也看不见萤火虫了。原来，萤火虫找到了针线，缝好了航天衣，穿在身上，跟着小星星一起飞上天去了。

它们在天上眨着眼睛，哪是萤火虫，哪是小星星，小妹妹看来看去怎么也分不清。

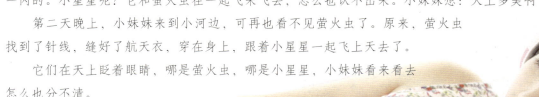

音乐胎教：一起来唱《数鸭子》

　　孕妈妈平和、愉快的情绪是胎儿健康成长的基石。焦虑的情绪会引起血液中有害物质增多，影响胎儿的神经发育。如果孕妈妈心情不好，学习儿歌是不错的改善情绪的方式。《数鸭子》是一首非常欢快的儿童歌曲，孕妈妈记得要常常给胎儿哼唱，孕妈妈的歌声是胎儿最爱听的声音。

《数鸭子》

门前大桥下
赶鸭老爷爷

游过一群鸭，　　快来快来数一数　二四六七八，
胡子白花花，　　唱呀唱着家乡戏　还会说笑话，

嘎 嘎 嘎 嘎　　真呀真多鸭，　　数 不 清 到 底
小 孩 小 孩　　快 快 上 学 校，　别 考 个 鸭 蛋

多 少 鸭，　　数 不 清 到 底　　多 少 鸭。
抱 回 家，　　别 考 个 鸭 蛋　　抱 回 家。

知识胎教：自然的奥秘

在浩瀚的苍穹和广阔的原野中有着千奇百怪的植物和形形色色的动物，孕妈妈带着胎儿和我们一起走进大自然，探索大自然的神秘……

天为什么是蓝色的

太阳光是由红、橙、黄、绿、青、蓝、紫七种颜色组成，这七种颜色的光波长度是不一样的。大气中的尘埃和其他微粒散射蓝光的能力大于其他波长光的能力，所以天空就会显现出蓝颜色。

日出日落时天为什么是红色的

当阳光穿过大气层时，波长较短的紫光散射衰减较多，透射后"剩余"的日光中颜色偏于波长较长的红光。日出日落时太阳的位置较低，阳光要穿越广阔的地面，散射后肉眼所见到的就大都是红颜色的光了。

情绪胎教：展开想象的翅膀

想象的作用常常可以舒缓孕妈妈的情绪，例如心理学上就有一种放松的方法：通过引导词的作用让人想象森林、海洋、海岛，从而引导人们通过想象放松心情，孕妈妈也可以利用这种方法胎教。

1 "妈妈，你长大了吗？"

2 "长大了。"

3 "你怎么没有长翅膀呢？"

4 "妈妈不是鸟儿，不能长翅膀。"

5 "小朋友长大了长不长翅膀呢？"

6 "也不会长，小朋友也是人，不是鸟儿。"

7 "小朋友要长翅膀，猴猴也要长。小朋友和猴猴是一样的。"（妈妈以前跟他讲过人类是怎么进化的。）

8 "猴猴也没有翅膀啊。"

9 "有，手就是他的翅膀。不然猴猴怎么会像鸟儿一样飞到树上去呢？"

本周重要提示

★ 谨慎用药 ★

　　孕期用药要十分谨慎，不要因为稍有不适就轻易吃药。在去医院看病时，要首先告诉医生自己目前的状况，以便医生做出正确诊断。

中药也并非绝对安全

　　许多孕妈妈认为中药相对于西药来说，副作用小，对自身和胎儿影响不大，实则不然。中药多为复方药，成分不明，对机体的作用机理更是复杂，而且不同的药物有不同特性，对孕妈妈和胎儿的损害程度也不尽相同。

孕妈妈需慎用的外用药

发质	清洗方法
莫匹罗星软膏	是一种抗生素外用软膏，广泛用于治疗皮肤感染。妊娠期最好不要使用此药。因为药膏中所含的聚乙二醇会被人体吸收且蓄积，可能引起一系列不良反应
阿昔洛韦软膏	属抗病毒外用药。对人体细胞的DNA聚合酶有抑制作用，会影响人体DNA的复制。所以，妊娠期在使用各种抗病毒外用药时应慎重
皮质激素类药	如皮炎平等，这类药具有抗炎、抗过敏的作用，广泛用于荨麻疹、湿疹、药疹、接触性皮炎等治疗。妊娠期孕妈妈大面积或长期外用时，可造成胎儿肾上腺皮质功能减退
风油精	风油精含有樟脑，正常人体内的葡萄糖磷酸脱氢酶会很快与之结合变成无毒物质。但孕妈妈体内的葡萄糖磷酸脱氢酶的含量降低，若过多使用风油精，樟脑就会通过胎盘屏障进入羊膜腔内作用于胎儿，严重时可导致流产或胎儿死亡，所以妊娠期孕妈妈最好不要使用风油精

第二十三周：越来越像新生儿了

宫　高　19～23.5厘米。
胎　长　21厘米左右。
胎　重　450克左右。

胎儿和孕妈妈的变化

听觉更加敏锐

由于胎儿内耳的骨头已经完全硬化，因此他的听觉更加敏锐。他能分辨出来自宫外和孕妈妈身体内部的不同声音。

胀气

怀孕中晚期子宫扩大会压迫到胃肠道，使得肠道中的内容物及气体不能正常排泄，造成胀气。另外，孕妈妈的活动量减少也会使胃肠蠕动减弱，引起便秘而使腹胀感更加严重。

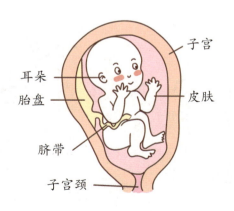

耳朵
胎盘
脐带
子宫颈
子宫
皮肤

营养胎教：本周这样吃

本周营养重点

重点补充

蛋白质

适量补充

膳食纤维　综合维生素

摄取高蛋白、低盐食物

每天都应摄取优质的蛋白质，例如家禽、家畜、肉、鱼、海鲜、贝类、蛋类、乳类及乳制品、大豆制品（如豆浆、豆腐、豆干、素鸡、豆包、干丝）等。这些食物以新鲜材料配合浓味的蔬菜，例如洋葱、番茄、蒜头、茴香、芹菜、香菜、香菇、枸杞、红枣、黑枣、柠檬、醋、月桂叶等，可以减少盐的使用量。

少吃易胀气的食物

如油炸的糯米糕、地瓜、洋葱、土豆等，以免引起腹胀，使血液回流不畅，加重水肿。

进食足量的蔬菜、水果

蔬菜和水果中含有人体必需的多种维生素和微量元素，它们可以提高机体抵抗力，加强新陈代谢，还具有解毒利尿等作用。孕妈妈每天不应忘记进食蔬菜和水果。

从食物中摄取维生素B_1

富含维生素B_1的食物包括酵母、肝脏、全谷类（如糙米）、黄豆、荚豆类、小麦胚芽、土豆芽，其中以动物性来源利用率较高。但以饮食摄入量来看，植物性来源为我们平常摄取维生素B_1的主要途径。

一周美味食谱

三丝炒豆芽

青、红、黄柿子椒各90克，绿豆芽250克，白糖、精盐、香油、植物油、葱末、姜末各适量。

1　青、红、黄柿子椒分别洗净，切细丝；绿豆芽洗净。

2　水锅烧沸，下绿豆芽稍余，捞出控水。

3　油锅烧热，煸炒葱姜末出味，下柿子椒丝炒匀，放入豆芽，加白糖、精盐翻炒至熟，淋香油即成。

土豆片炒番茄

土豆250克，小番茄100克，洋葱、青椒各50克，精盐1小匙，白糖、米醋各1/2大匙，番茄酱1大匙，水淀粉2小匙，植物油750克。

1 将土豆洗净，去皮，切成1厘米厚的半圆片，再下入热油中炸至金黄色，捞出沥油；小番茄、洋葱、青椒分别洗净，均切成小片。

2 炒锅上火，加入底油烧热，先放入番茄酱、白糖、米醋、精盐，添入少许清水，炒成甜酸适口的番茄汁。

3 再下入洋葱片、番茄片、土豆片、青椒片翻炒至熟，用水淀粉勾芡，淋入明油，即可出锅装盘。

火爆乳鸽

乳鸽3只，蒜苗25克，干红辣椒10克，花椒5粒，精盐、鸡精、淀粉、酱油、料酒各少许，辣椒油、豆瓣酱各1大匙，植物油适量。

1 蒜苗洗净，沥净水分，切成3厘米长的小段；干红辣椒泡软、洗净，去蒂和籽，切成1厘米大小的段。

2 乳鸽宰杀，烫去鸽毛，剁去鸽爪，去掉内脏和杂质，洗净，放在案板上，剁成3厘米大小的块。

3 把乳鸽块放大碗内，加入精盐、酱油、料酒拌匀，腌渍15分钟，再加入淀粉拌匀，放入烧热的油锅内炸至熟脆，捞出沥油。

4 净锅复置火上，加入辣椒油烧热，下入干红辣椒段和花椒炒出香味。

5 放入乳鸽块翻炒，加精盐、酱油、料酒、豆瓣酱和鸡精炒匀，撒上蒜苗段，快速炒匀，出锅装盘即成。

语言胎教：古诗词中的秋天

《山居秋暝》

（唐）王维

空山新雨后，天气晚来秋。
明月松间照，清泉石上流。
竹喧归浣女，莲动下渔舟。
随意春芳歇，王孙自可留。

《中秋月》

（宋）苏轼

暮云收尽溢清寒，
银汉无声转玉盘。
此生此夜不长好，
明月明年何处看。

《秋夕》

（唐）杜牧

银烛秋光冷画屏，
轻罗小扇扑流萤。
天阶夜色凉如水，
坐看牵牛织女星。

美学胎教：名画欣赏《小园丁》

《小园丁》是俄国19世纪上半期最杰出的肖像画家吉普林斯基的作品，他毕业于彼得堡美术学院。从他的肖像画中可以看出他豪放的笔触和熟练的油画技法。他所画的肖像都力图刻画人物的精神世界并揭示出人物个性，具有一定的浪漫情调。他注重光和色彩的处理，画面明暗对比强烈，也对人物的眼神、表情以及所处的精神状态刻画得细致入微。

1816年吉普林斯基有机会去意大利留学，在罗马时创作了这幅《小园丁》。这是一位意大利小园丁，他手执弯刀趴在石头上歇息，睁大一双眼睛陷入深深的沉思之中，画中人物有着柔和的轮廓线和富有表现力的造型。看了这幅画后观者不禁会问，他在想什么呢？

小园丁／（俄）吉普林斯基

趣味胎教：好玩的填色游戏

孕妈妈在给牵牛花花瓣中心上色时要由浅到深再向外面延伸绘制。

步骤1:按照图片样式画出线条。

步骤2:用淡粉色蜡笔填上牵牛花的中心。

步骤3:用深粉色蜡笔填上牵牛花的外沿轮廓。

步骤4:颜色同步骤3,继续完善牵牛花的花心。

步骤5:用黄色蜡笔填上花蕊和花柄。

步骤6:用绿色蜡笔填上牛花的花藤。

步骤7:用绿色蜡笔填上叶子,完成。

运动胎教：孕妇操第一节

常做孕妇操能够增强身体肌肉的弹性，尤其是骨盆底肌和会阴部肌肉的弹性，有助于自然分娩的顺利进行。

双腿分开到最大限度，双手缓缓抬起，向上伸展，举过头顶，深呼吸，保持5秒。

站立，双脚打开比肩略宽，双手在腹部交叉合十，深呼吸；吸气，上身向后仰；呼气，上身向前弯。

双腿分开到最大限度。双肩打开下沉，双手自然垂下，慢慢下蹲，深呼吸，保持5秒。

本周重要提示

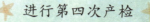

进行第四次产检

患有妊娠糖尿病的孕妈妈多数没有任何症状，只有通过糖耐量测试才能检查出来。所以孕妈妈一定要做糖尿病筛查。

妊娠糖尿病筛查

大部分妊娠糖尿病的筛检，是在孕24周做。先抽取孕妈妈的血液样本，做一项耐糖试验，此时孕妈妈不需要禁食。喝下50克的糖水，等1小时后，再进行抽血，当结果出来后，血液指数若在140以下，即属正常；指数若为140以上，就要怀疑是否有妊娠糖尿病，需要做第二次抽血。此次要先空腹8小时后，再进行抽血，然后喝下100克的糖水，1小时后抽1次血，2小时后再抽1次，3小时后再抽1次，总共要抽4次血。只要有两次以上指数高于标准值的话，即代表孕妈妈患有妊娠糖尿病。在治疗上，要采取调节饮食及注射胰岛素来控制，千万不可使用口服的降血糖药物来治疗，以免造成胎儿畸形。

哪些孕妈妈易患妊娠糖尿病

易患妊娠糖尿病的孕妈妈	
1	年龄超过30岁的高龄孕妈妈
2	肥胖，妊娠前体重超过标准体重的20%，或者妊娠后盲目增加营养，进食过多，活动过少，体重增加太多的孕妈妈
3	直系亲属中已出现过妊娠糖尿病病人的孕妈妈
4	直系亲属中有人得糖尿病的孕妈妈
5	以往妊娠时曾出现妊娠糖尿病的孕妈妈
6	生育过巨大胎儿（体重大于4千克）的孕妈妈

第二十四周：胎儿对音乐变得更加敏感

宫　高　20～24.5厘米。
胎　长　22厘米左右。
胎　重　540克左右。

胎儿和孕妈妈的变化

开始生成白细胞

如果胎儿现在就出生，成活的概率是1/4～1/5。此时的他仍然非常瘦，浑身覆盖着细细的胎毛。胎儿的体内开始生成白细胞以对抗感染。

腿部出现抽筋现象

孕妈妈体重增加过量时，支撑身体的腿部将承受很大的压力，所以腿部肌肉很容易疲劳。鼓起的腹部还会压迫大腿部位的静脉，因此腿部容易发酸或出现抽筋症状。这些症状经常在晚上睡觉时出现，孕妈妈会被突如其来的腿痛惊醒。

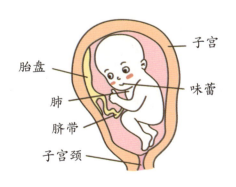

子宫
胎盘
肺
脐带
子宫颈
味蕾

营养胎教：健脑食品知多少

本周营养重点

重点补充

铁

适量补充

膳食纤维　综合维生素

坚果健脑效果好

夏威夷果

果子中所含的营养素对大脑的神经细胞很有益处，能够改善脑部营养，孕妈妈可以直接食用干果。

花生

花生中含有植物蛋白，更易被人体所吸收，同时还具有养血、补血等功效，花生适宜生吃或煲汤喝。

松子

松子富含的营养物质对促进胎儿大脑发育很有功效，既可以生吃，又可放入菜中或加入点心中食用。

榛子

榛子中不饱和脂肪酸、矿物质和维生素含量丰富，有开胃、健脑、明目的功效，其中的纤维素还有助于促进消化、预防便秘发生。

开心果

开心果富含不饱和脂肪酸以及蛋白质、微量元素和B族维生素，开心果属于低碳水化合物膳食。

> ### · 小贴士 ·
>
> 坚果类油性较大，而孕妈妈的消化功能却相对有所减弱，如果过量食用很容易导致消化不良。每天食用坚果不宜超过50克。

哪些坚果要远离

坚果	危害
杏仁	杏仁具有一定的毒性，很有可能诱发胎儿畸形
核桃仁	有可能引发流产；当坚果出现霉变或异味时，会增加癌症的诱发率，导致机体发生不良反应

这些食物可能伤害大脑

过咸食物

过咸食物不但会引起高血压、动脉硬化等疾病，而且还会损伤动脉血管，影响脑组织的血液供应，造成脑细胞的缺血缺氧，导致记忆力下降、智力迟钝。

含鸡精多的食物

孕妈妈如果在孕晚期经常吃鸡精，会引起胎儿缺锌。

含过氧化脂质的食物

过氧化脂质会导致大脑早衰或痴呆，直接有损于大脑的发育。

含铅食物

爆米花、松花蛋、啤酒等食物中含铅量大。铅会杀死脑细胞，损伤大脑。

含铝食物

常吃含铝量高的食物，如油条、油饼等，会造成记忆力下降、反应迟钝，甚至导致痴呆。

芥蓝爆双脆

净鱿鱼、净鸡胗各200克，芥蓝150克，精盐、鸡精各1小匙，水淀粉2小匙，料酒、香油、植物油各1大匙。

1 芥蓝去叶，洗净，切成小段，放入加有精盐和植物油的沸水中焯烫一下，捞出冲凉。

2 鱿鱼洗净，剞上十字花刀；鸡胗洗净，切成小片；分别放入沸水中烫至打卷，捞出沥干。

3 锅中加上植物油烧至七成热，先下入芥蓝、鸡胗、鱿鱼炒匀。

4 加入精盐、鸡精炒至入味，然后用水淀粉勾芡，淋入香油，即可出锅装盘。

苦瓜炒鸡蛋

苦瓜400克，鸡蛋5个，葱花10克，姜丝5克，精盐、鸡精、鸡精、白糖各1/2小匙，植物油5大匙。

1 苦瓜洗净，去皮及瓤，切成大片，再下入加有少许精盐和植物油的沸水中略焯，捞出冲凉，沥干水分。

2 鸡蛋磕入碗中搅散，再放入热油锅中炒成蛋花，盛出沥油。

3 锅中留底油烧热，先下入葱花、姜丝炒香，再放入苦瓜片、精盐、鸡精、白糖、鸡精炒至入味，然后加入蛋花翻炒均匀，即可出锅。

三色蜇丝

海蜇皮200克，红椒、青椒各1个，精盐、白糖、姜、香油各适量。

1 将海蜇皮洗净，切细丝，用温水略浸泡，沥干；红椒、青椒、姜分别洗净，切丝，备用。

2 将海蜇丝放入盘中，加入精盐、白糖、香油、红椒丝、青椒丝拌匀，最后撒上姜丝即可。

语言胎教：童话故事《小猫钓鱼》

让我们一起重温一下《小猫钓鱼》的故事吧！孕妈妈在讲这个故事的时候，一定也回忆起了自己的童年。

《小猫钓鱼》

一天早上，猫妈妈带着小猫到小河边钓鱼。

一只蜻蜓飞来了。小猫看了真喜欢，放下渔竿就去捉蜻蜓。蜻蜓飞走了，小猫空着手回到河边。一看，猫妈妈钓了一条大鱼。

一只蝴蝶飞来了。小猫看了真喜欢，放下渔竿，就去捉蝴蝶。蝴蝶飞走了。小猫空着手回到河边。一看，猫妈妈又钓了一条大鱼。

小猫说："真气人，我怎么一条小鱼也钓不着呢？"

猫妈妈说："钓鱼要一心一意，不能三心二意。"

于是，小猫开始一心一意地钓鱼。蜻蜓飞来了，蝴蝶也飞来了，小猫就像没看见一样，一步也没走开。

不一会儿，小猫钓到了一条大鱼，高兴地喊了起来："我钓到大鱼啦！"

知识胎教：小动物为什么要冬眠

动物通过呼吸作用不断产生热量，同时也要不断丧失热量，所以动物的体温是由产热与失热的条件决定的。一般低等动物产生的热量不足以抵消它所丧失的热量，加之没有保温结构，因而体温随周围环境气温变化而改变，这类动物叫变温动物。许多变温动物在环境条件变得恶劣时，就需要寻找适当的场所，通过降低新陈代谢水平，进入不吃不动的麻痹状态，以度过不利环境，待外界条件对它们有利时，再苏醒活动，这种现象叫休眠。高温情况下的休眠叫夏眠，低温情况下的休眠叫冬眠。

《小动物过冬》

冬季里，刮北风，
小动物，忙过冬。
羊儿换上厚皮袄，
青蛙睡在泥洞里。
燕子回到南方去，
鱼儿躲到水底层。
松鼠贮足粮食后，
一头钻进大树洞。

趣味胎教：折一朵美丽的百合花

折百合花最关键的是最后一步，将花瓣用圆珠笔卷起，漂亮的百合花就可以完成了。

步骤1：准备一张正方形纸，沿虚线向箭头方向折叠。

步骤2：沿虚线向箭头方向折叠，折成双菱形。

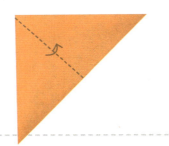

步骤3：先折成双菱形，下面两角再向上折。

步骤4：两侧沿虚线向中心折。

步骤5：背面也一样，同步骤4。

步骤6：沿虚线向箭头方向折叠。

步骤7：沿虚线向箭头方向折叠。

步骤8：将纸角用圆珠笔向后卷曲成花瓣形。

音乐胎教：观看《音乐之声》

推荐孕妈妈观看电影《音乐之声》。《音乐之声》是由美国音乐剧的泰斗理查德·罗杰斯和奥斯卡·汉默斯坦二世根据玛利亚·冯·特拉普的自传：《冯·特拉普家的歌手们》改写而成。

音乐之声取材于1938年发生在奥地利的一个真实故事：

修女玛利亚是位性格开朗、热情奔放的姑娘。她爱唱歌、跳舞，还十分喜爱大自然的清新、宁静和美丽。修道院院长觉得玛利亚不适合修道院的生活，应该放她到外面看看。于是玛利亚来到萨尔茨堡当上了前奥地利帝国海军退役军官冯·特拉普家7个孩子的家庭教师。冯·特拉普深爱的妻子几年前去世了，从此他变得心灰意冷，对生活失去了希望。家里再也没有了歌声，没有了笑声。

孩子们生性活泼，各有各的性格。他们不愿意过这种严加管束的生活，总设法捉弄家庭教师。但玛利亚自己就具有孩子般的性格，她引导他们，关心他们，帮助他们，最终赢得了他们的信任。

当上校带着准备与他结婚的男爵夫人回来时，他惊奇地发现那原本死气沉沉的家，现在竟出现了欢声笑语，充满了音乐之声。特拉普上校冷酷的心开始解冻了，他发现自己已经深深地爱上了心地善良的玛利亚……

本周重要提示

★ 安全做家务 ★

孕妈妈在做家务事方面，不能以未怀孕前的标准来要求自己，因为无论在身型还是动作的灵活方面都大不如前了，所以，做家事时尽量要缓慢，也不要定太大目标，尤其要适当降低家务清洁方面的要求，并动员丈夫和家人分担家务。

第七章

孕七月 胎儿睁开了眼睛

第二十五周：胎儿皮肤开始红润不透明

宫　高　21～25.5厘米。
胎　长　23厘米左右。
胎　重　700克左右。

胎儿和孕妈妈的变化

恒牙牙蕾正在发育

现在胎儿能抱脚、握拳了。肺中的血管继续发育，鼻孔开始张开。在牙龈的高处，胎儿的恒牙牙蕾正在发育，口腔和嘴唇区域的神经越来越敏感，为出生后寻找妈妈的乳头这一基本动作做准备。

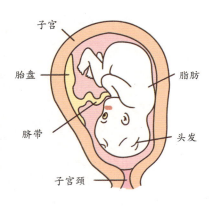

子宫
胎盘
脐带
子宫颈
脂肪
头发

出现眼干症状

眼睛对光线非常敏感，而且非常干燥，让人感觉就像进了沙子一样刺痛。这是怀孕中经常出现的症状，不用过于担心，但如果这种症状比较严重的话，最好用眼药水补充眼睛的水分。

营养胎教：注重胎儿的味觉

本周营养重点

重点补充	适量补充
蛋白质	综合维生素

羊水可传递味道

美国费城莫奈尔化学官能中心的朱莉·梅里娜说："羊水和母乳能够传递孕妈妈所吃的食物的味道。如果孕妈妈定期吃特定的食物，宝宝慢慢就会习惯和爱上这些食物。"

科学家表示，甚至在胎儿出生之前，孕妈妈就可以提前培养他们的口味，多吃西蓝花、芹菜、胡萝卜等营养丰富的蔬菜，让胎儿在孕妈妈肚子里就开始适应这些蔬菜的味道。

简易朝族拌饭

大米150克，鸡蛋1个，蕨菜、豆芽、菠菜、辣白菜各适量，韩式辣椒酱1大匙，精盐、香油各适量，葱末、姜末、蒜末各少许。

1 将大米用清水淘洗干净，焖成米饭；辣白菜切条；将蕨菜、豆芽、菠菜择洗净，切段，用沸水焯烫熟，捞出沥净水分。鸡蛋打散，摊成蛋皮，切成丝。

2 将米饭铺在大碗的底部，盖上蕨菜段、豆芽段、菠菜段、蛋皮丝、辣白菜，然后撒上韩式辣椒酱、精盐、香油、葱末、姜末、蒜末，拌匀即可食用。

家味宫保鸡球

鸡腿2只（约400克），炸花生仁50克，青椒粒、红椒粒各30克，花椒10粒，葱末10克，姜末、蒜末各5克，精盐、酱油、料酒、香油各1小匙，白糖、米醋、淀粉各2小匙，水淀粉2大匙，植物油3大匙。

1 将鸡腿去骨，洗涤整理干净，切成2厘米见方的小丁，加入少许精盐、料酒、淀粉拌匀，腌渍5分钟。

2 碗中加入葱末、姜末、蒜末、精盐、白糖、米醋、酱油、水淀粉和适量清水调成味汁。

3 锅中加入植物油和香油烧热，下入花椒粒炸出香味，捞出花椒粒不用，然后下入鸡肉丁炒至变色，加入青椒粒、红椒粒炒匀。

4 倒入调好的味汁，大火翻炒至入味，撒入炸花生仁炒匀，出锅装盘即可。

五彩盖浇饭

土豆、胡萝卜各150克，青椒、黄瓜各50克，鸡胸肉100克，葱末、洋葱末、水淀粉、精盐、植物油、酱油、胡椒粉各适量。

1 将土豆、胡萝卜、青椒、黄瓜、鸡胸肉均洗净，切成丁。

2 用水淀粉、精盐，腌制鸡丁，用开水焯熟胡萝卜丁、土豆丁。

3 炒锅放热油先炒鸡丁、后下土豆丁、胡萝卜丁，黄瓜丁，加水，快好时下葱末和洋葱末。

4 加精盐、酱油、胡椒粉、鸡精，翻炒均匀，盛出即可。

音乐胎教：心灵钢琴《月光边境》

《月光边境》是一张新世纪音乐类型的钢琴专辑，是由中国新世纪音乐作曲家林海创作及演奏的。《月光边境》中的钢琴曲能够使孕妈妈放松情绪，给人以流畅舒服的感觉，使人忍不住一听再听。这是一张能让人完全释放情绪的心灵专辑。清新的钢琴曲，描绘出了一个纯洁的空间，让你卸下面具，尽情地感动。孕妈妈仔细聆听，可以体会到清新、玲珑、如珠落玉盘的感觉。

语言胎教：妈妈朗读课文

《咕咚》

木瓜熟了。一个木瓜从高高的树上掉进湖里，"咕咚！"

兔子吓了一跳，拔腿就跑。小猴儿看见了，问他为什么跑。兔子一边跑一边叫："不好了，'咕咚'可怕极了！"

小猴儿一听，就跟着跑起来。他一边跑一边叫："不好了，'咕咚'来了，大家快跑哇！"

这一下可热闹了。狐狸呀、山羊啊、小鹿哇，一个跟着一个跑起来。大伙儿一边跑一边叫："快逃命啊，'咕咚'来了！"

大象看见了，也跟着跑起来。野牛拦住他，问："'咕咚'在哪里，你看见了？"大象说："没看见，大伙儿都说'咕咚'来了。"野牛拦住大伙儿问，大伙儿都说没看见。最后问兔子，兔子说："是我听见的，'咕咚'就在那边的湖里。"

兔子领着大家来到湖边。正好又有一个木瓜从高高的树上掉进湖里，"咕咚！"

大伙儿你看看我，我看看你，都笑了。

光照胎教：给胎儿送去光明

神奇的光刺激

胎儿的感觉功能中视觉的发育较晚，一般7个月的胎儿视网膜才具有感光功能。这个时期的胎儿初步形成的视觉皮质，能够区分外部的明暗，并能间接体验孕妈妈的视觉感受。胎儿的脑神经已经发达起来，具有了思维、感觉和记忆功能。只要是不太刺激的光线，皆可给予胎儿脑部适度的明暗周期，刺激脑部发育。也可以在晴朗天气外出散步，同样能让胎儿感受到光线强弱的对比。总之，此时通过外界光照，可以促进胎儿视网膜光感受细胞的功能尽早完善。

如何进行光照胎教

一般来说，胎儿在妊娠8个月时才尝试睁开眼睛，这时他能看到的是母体内一片红色的光芒，橘黄的阴影下母亲体液在运动。

光照胎教最好从怀孕第二十四周开始实施，早期可适度刺激。孕妈妈每天可定时在胎儿觉醒时用手电筒(弱光)作为光源，照在自己腹部胎头的方向，每次5分钟左右。为了使胎儿适应光的变化，结束前可连续关闭、开启手电筒数次，以利胎儿的视觉健康发育。

研究还表明：光照运动不仅可以促使胎儿对光线的灵敏反应及视觉功能的健康发育，而且有益于出生后动作行为的发育成长。在用光照射时，切忌用强光，也不宜长时间照射。

· 小贴士 ·

在进行光照胎教时，如果胎儿出现了躁动不安，表明他对光照感到不快，孕妈妈应立即停止。

抚摸胎教：准爸爸爱的表达

孕7月后，孕妈妈在腹部能明显地触摸到胎儿的头、背和肢体时，就可以增加推动散步式的抚摸胎教。孕妈妈平躺在床上，全身放松，轻轻地来回抚摸、按压、拍打腹部，同时也可用手轻轻地推动胎儿，使胎儿在宫内"散散步、做做操"。此种练习应在医生的指导下进行，以避免因用力不当或过度而造成腹部疼痛、子宫收缩，甚至引发早产。每次5～10分钟，动作要轻柔、自然，用力均匀适当，切忌粗暴。如果胎儿用力来回扭动身体，孕妈妈应立即停止推动，可用手轻轻抚摸腹部，胎儿就会慢慢地平静下来。

趣味胎教：脑筋急转弯连连看

题目

1.六岁的小明总是喜欢把家里的闹钟整坏，妈妈为什么总是让不会修理钟表的爸爸代为修理?

2.为什么蚕宝宝很有钱?

3.为什么青蛙可以跳得比树高?

4.世界上最高的峰叫什么峰?

5.为什么小白兔不嫁给斑马呢?

6.鲨鱼吃了绿豆会怎么样?

7.火柴烧着后进了医院，变成了什么?

8.什么动物最爱贴在墙上?

9.狐狸为什么经常会摔跤?

10.苹果树上有二十个熟透的苹果，被风吹落了一半，后又被果农摘了一半，那么树上还有几个苹果?

答案

5个

因为它会结茧（节俭）

高峰

因为兔妈妈说文身不是好孩子

因为狐狸很狡猾（脚滑）

变成了绿豆沙

妈妈让爸爸修理小明

棉签

因为树不会跳

海豹（报）

本周重要提示

★ 学会腹式呼吸 ★

到这个时候，对于长大的胎儿来说，子宫这个摇篮好像已经显得狭窄了，因此，孕妈妈要学会腹式呼吸，将充足的氧气输送给胎儿。正确的姿势是：背后靠一个小靠垫，把膝盖伸直，全身放松，把手轻轻放在肚子上。然后开始做腹式呼吸，用鼻子吸气，直到肚子膨胀起来；吐气时，把嘴缩小，慢慢地、有力地坚持到最后，将身体内的空气全部吐出。注意吐气的时候要比吸气的时候用力，慢慢地吐。每天做3次以上。

第二十六周：胎儿肺内的肺泡开始作用

宫　高　21.5～26.5厘米。
胎　长　24厘米左右。
胎　重　900克左右。

胎儿和孕妈妈的变化

胎儿会呼吸了

胎儿的肺仍在发育中。胎儿的脊柱强壮了，但仍不能支撑正在生长的身体，这时如果贴在孕妈妈的腹部倾听，就能听到胎儿的心跳。胎儿会吸气、呼气。双眼已经完全成形。当听到声音时，他的脉搏会加快。

出现消化不良和胃痛的反应

随着胎儿的成长，子宫会越来越大。由于子宫会压迫肠胃，经常出现消化不良和胃痛。随着子宫肌肉的扩张，下腹部会出现像针刺一样的疼痛。

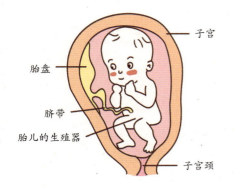

子宫
胎盘
脐带
胎儿的生殖器
子宫颈

营养胎教：粗粮虽好，不宜多吃

本周营养重点

重点补充

蛋白质

适量补充

铁　钙

适合孕妈妈吃的粗粮

玉米

富含镁、不饱和脂肪酸、粗蛋白、淀粉、矿物质、胡萝卜素等营养成分。黄玉米籽富含镁，有助于血管舒张，加强肠壁蠕动，增加胆汁，促使体内废物排泄，利于新陈代谢。红玉米籽富含维生素B_2，孕妈妈常吃可以预防及治疗口角炎、舌炎、口腔溃疡等核黄素缺乏症。

红薯

富含淀粉、钙铁等矿物质，所含氨基酸、维生素A、B族维生素、维生素C远高于精制细粮。红薯还含有一种类似雌性激素的物质，孕妈妈常食能令皮肤白皙、娇腻。红薯所含的黏蛋白（一种多糖和蛋白质的混合物），能促进胆固醇排泄，防止心血管脂肪沉淀，维护动脉血管的弹性，有效地保护心脏，预防心血管疾病，是孕妈妈的营养保健食品。

荞麦

荞麦含丰富的赖氨酸，能促进胎儿发育，增强孕妈妈免疫功能。铁、锰、锌等微量元素和膳食纤维含量比一般谷物丰富。富含维生素E、烟酸和芦丁。芦丁能降血脂和胆固醇、软化血管、保护视力和预防脑出血。烟酸能促进新陈代谢，增强解毒能力，降低胆固醇。这些营养成分对孕妈妈来说很有意义。

糙米

每100克糙米胚芽就含有3克蛋白质、1.2克脂肪、50毫克维生素A、1.8克维生素E，锌、铁各20毫克，镁、磷各15毫克，菸碱酸、叶酸各250毫克，这些营养素都是孕妈妈每天需要摄取的。

如何科学吃粗粮

吃粗粮时应多喝水

因为粗粮中的纤维素需要有充足的水分做后盾，才能保障肠道的正常工作。一般多吃1倍纤维素，就要多喝1倍水。

循序渐进吃粗粮

突然增加或减少粗粮的进食量，会引起肠道反应。对于平时以肉食为主的孕妈妈来说，增加粗粮的进食量时，为了帮助肠道适应，应该循序渐进，不可操之过急。

搭配荤菜吃粗粮

每日用餐，除了顾及口味嗜好，还应该考虑荤素搭配、平衡膳食。每天粗粮的摄入量以30～60克为宜，但也应根据个人情况适当调整。

胡萝卜炒肉

瘦猪肉200克，胡萝卜150克，香菜20克，淀粉50克，植物油、葱姜末、酱油、精盐、醋、料酒、鸡精、香油各适量。

1　将胡萝卜洗净，切成细丝；香菜洗净，切段；将瘦猪肉剔去筋，切成细丝，放入盆内，加入淀粉、精盐上浆，用热锅温油滑开捞出。

2　将植物油放入锅内，热后下入葱姜末炝锅，投入胡萝卜丝煸炒断生，加入瘦猪肉丝搅拌均匀，再加入酱油、精盐、醋、料酒，炒熟后加入鸡精、香油、香菜，搅匀出锅即成。

香肠炒油菜

香肠50克，油菜200克，植物油15克，精盐10克，酱油5克，料酒2.5克，鸡精1.5克，姜末、葱花各少许。

1 将香肠切成薄片；油菜洗净切成短段，梗、叶分置。

2 锅内放植物油烧热，下姜末、葱花煸炒，先放油菜梗炒，再下油菜叶炒至半熟，倒入切好的香肠片，并加入酱油、精盐、料酒、鸡精，用大火快炒几下即成。

虾米炒芹菜

芹菜200克，虾米10克，植物油15克，酱油10克，鸡精3克，精盐适量。

1 将虾米用温水浸泡；芹菜去老叶（保留大部分叶子）后洗净，切成短段，用开水烫过。

2 锅置火上，放油烧热，下芹菜快炒，并放入虾米、酱油，用大火快炒几下，出锅前撒些鸡精和盐（因为虾米已有咸味，精盐需少放）即可。

语言胎教：绕口令

　　绕口令一般字音相近，极易混淆，孕妈妈要想念得既快又好，没有快速的思维、良好的记忆、伶俐的口齿，是很难做到的。经常说绕口令，能够使孕妈妈的思维更具敏捷性、灵活性和准确性，对胎儿的语言及思维发展具有潜移默化的影响。

《小花猫》

小花猫，爱画画，
先画一朵腊梅花，又画一个小喇叭，
带着腊梅花，吹着小喇叭，
回家去见妈妈，妈妈见了笑哈哈。

《大妹和小妹》

大妹和小妹，一起去收麦。
大妹割大麦，小妹割小麦。
大妹帮小妹挑小麦，小妹帮大妹挑大麦。
大妹小妹收完麦，噼噼啪啪齐打麦。

《鹅和鸽》

天上一群大白鸽，河里一群大白鹅。
白鸽尖尖红嘴壳，白鹅曲项向天歌。
白鸽剪开云朵朵，白鹅拨开浪波波。
鸽乐呵呵，鹅活泼泼，
白鹅白鸽碧波蓝天真快乐。

《画蛤蟆帽》

一个胖娃娃，画了三个大花活蛤蟆；
三个胖娃娃，画不出一个大花活蛤蟆。
画不出一个大花活蛤蟆的三个胖娃娃，
真不如画了三个大花活蛤蟆的一个胖娃娃。

《鸭和霞》

天上飘着一片霞，水上飘着一群鸭。
霞是五彩霞，鸭是麻花鸭。
麻花鸭游进五彩霞，五彩霞挽住麻花鸭。
乐坏了鸭，拍碎了霞，分不清是鸭还是霞。

趣味胎教：简笔画

在画鸭子的时候，身体的姿态是重中之重，画线要一气呵成，这样线条才会更加流畅。

步骤1：画出鸭子的嘴。

步骤2：画出鸭子身体的上半部。

步骤3：画出鸭子的尾部和身体的前半部。

步骤4：画出鸭子的眼睛。

步骤5：画出鸭子的翅膀。

步骤7：画出河水。

步骤6：进一步完善鸭子的翅膀。

步骤8：栩栩如生的鸭子完成了。

孕妈妈画一画

知识胎教：理解三字经

孕妈妈不仅要教胎儿学唱三字经歌，还要教会胎儿理解其中的意思。

人之初，性本善。性相近，习相远。

　　人们刚出生的时候，本性都是善良的。善良的本性非常相近，只是因为在成长过程中，后天的学习环境的差异，使性情也有了好坏的差别。

苟不教，性乃迁。教之道，贵以专。

　　如果不及早的接受良好的教育，人善良的本性就会受到影响。为了使孩子拥有高尚的品质，就要及早地采用正确的教育方法，专心一致地教育孩子。

昔孟母，择邻处。子不学，断机杼。

　　在战国时期，为了使孟子有个好的学习环境，孟子的妈妈曾三次搬家。有一次孟子学习不用功，孟母就割断织机的布来教育孟子，学习要持之以恒，不能半途而废。

窦燕山，有义方。教五子，名俱扬。

　　五代时，燕山人窦禹钧使用正确的教育方法教育孩子，他教育的五个孩子都很有成就，同时科举成名。

养不教，父之过。教不严，师之惰。

　　身为父母只是供养儿女吃穿，不好好教育孩子是父母的过错。只是教育学生，但不严格要求学生就是做老师的过错。

子不学，非所宜。幼不学，老何为。

　　孩子不热爱学习是不对的。一个人如果在小时候都不好好学习，那么到了老的时候既不懂做人的道理，又没有知识，能有什么作为呢？

玉不琢，不成器。人不学，不知义。

　　玉不经过雕琢，不会成为精美的器具；人如果不学习知识，就不会懂得礼仪，不能成才。

为人子，方少时。亲师友，习礼仪。

　　人在小的时候应该亲近老师和朋友，这样可以从他们那里学到更多为人处世的道理。

音乐胎教：哼唱儿歌《哆来咪》

《多来咪》

Doe, a deer, a female deer
鹿，是鹿，一只母鹿

Ray, a drop of golden sun
光，是金色的夕阳

Me, a name I call myself
我，那是我的名字

Far, a long, long way to run
远，长长的路要跑

Sew, a needle pulling thread
绣，是针儿穿着线

La, a note to follow Sew
啦，就跟在嗖之后

Tea, a drink with jam and bread
茶，是饮料配面包

That will bring us back to Do
那就让我们再次回到哆

Do-re-mi-fa-so-la-ti-doSo-do!
哆来咪发嗦啦西哆嗦哆

这首短小而活泼的《多来咪》，是经典音乐电影《音乐之声》中的一首插曲。修女玛丽亚给七个聪明却顽皮的小孩子做家庭教师，玛丽亚从最最基础的音符教起："Do-Re-Mi-Fa-So-La-Ti"，每个音符都有个发音相近的单词，简单易记且妙趣横生。

本周重要提示

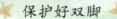 保护好双脚

怀孕后，身体的全部重量都要靠脚来支撑，因此，对脚部的护理尤其重要，一定要适时更换合适的鞋。

从穿着入手保护双脚	
首选棉布鞋子	相对于皮革和塑料材质，棉布透气性和吸汗性更好，质地也更柔软，行走起来比较省力，适合孕晚期穿着。但棉布的保暖性较差，只适合春秋季节穿着。皮革鞋首选柔软的牛皮和羊皮
款式选择很重要	孕妈妈鞋子要选择圆头、肥度较宽的款式，尺寸要比脚长多出1码。下午3~4点是一天中脚部肿胀最严重的时间，因此买鞋的时候应以这个时间脚部大小为主。 孕妈妈不能穿拖鞋。拖鞋的防滑性差，又不能完全跟随脚，因此行走的时候需要更多的力量抓住拖鞋，极易造成重心不稳，导致摔倒。再次，拖鞋的材质多以塑料和橡胶为主，透气性很差，容易引起脚部发炎
鞋跟高度别忽略	孕妈妈鞋跟高度以2厘米为宜，后跟要宽大、结实、弹性好。最好不要穿完全没有跟的鞋，因为怀孕后，孕妈妈的重心会向后移，穿平底鞋行走，脚跟会先着地，脚尖后着地，不能维持足弓吸收震荡，容易引起肌肉和韧带拉伤。如果孕妈妈患有扁平足，可以使用一些调整的产品，如调整袜子，能够将多余压力调整到最小

第二十七周：胎动越来越强烈

宫　高　22.5～27.5厘米。
胎　长　25厘米左右。
胎　重　1千克左右。

胎儿和孕妈妈的变化

胎儿睁开了眼睛

随着皮下脂肪的增多，胎儿越来越胖了。现在吮吸拇指可能是胎儿最喜欢的运动之一。此时，胎儿的眼皮开始睁开，虹膜开始形成。他似乎可以察觉出光的变化，研究显示，如果将手电筒的光照在孕妈妈的腹部，胎儿可移向或离开光源的方向。

尽量舒缓不适症状

这时由于腹部迅速增大，孕妈妈会很容易感到疲劳，同时，脚肿、腿肿、痔疮、静脉曲张等不适症状也可能困扰着孕妈妈。注意休息、不时变换身体姿势、做舒缓的伸展运动、洗热水浴和按摩，都能帮孕妈妈缓解不适。此时家人的关心也非常重要。

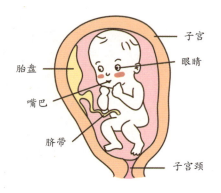

营养胎教：控制饮食总热量

本周营养重点

重点补充
膳食纤维

适量补充	
铁	综合维生素

防止体重快速增长

孕晚期热量供应过多，体重增长过快，增加了妊高征的发病率。因此，孕妈妈要注意体重增长，整个孕期体重增长以不超过12千克为宜。减少糖果、糕点、甜品、油炸食品、动物脂肪等高热量食物的摄入量。

减少盐的摄入量

过多摄入钠可引起水钠潴留而致血压升高，使孕妈妈患妊高征的风险增高，因此需要限制食盐的摄入量，每日摄盐量应控制在2～4克。同时还要避免食用含盐量高的食物，如调味剂、腌制食品、熏干制品等。如果孕妈妈习惯了较咸的口感，可以使用部分含钾盐代替钠盐，这样能够在一定程度上改善少盐烹调的口味。

补充多种营养素

蛋白质

患有妊高征的孕妈妈因尿蛋白丢失过多，常有低蛋白血症，应该多摄入优质蛋白质以弥补其不足。可通过食用瘦肉、蛋类、豆类及豆制品等食物获得足够的蛋白质。但是肾脏功能异常的孕妈妈要控制蛋白质的摄入量。

钙

补充钙在妊高征的防治中具有不可低估的意义，因为钙摄入不足可致低血钙，引起钙离子的通透性增加，促进钙离子跨膜内流，引起微小动脉血管收缩，使得血压增高，从而加重妊高征病情。所以，妊娠期应增加乳类、鱼类和海产品的摄入量，以增加对钙的吸收，避免因摄钙不足而致低血钙及妊高征的发生。

锌

患有妊高征的孕妈妈，血清中锌的含量一般比较低，通过饮食补充充足的锌能够增强身体免疫力，必要时可遵医嘱服用锌制剂。

一周美味食谱

核桃芝麻花生粥

核桃仁150克，芝麻50克，花生米100克，大米200克，蜂蜜适量。

1　将核桃仁、芝麻和花生米混合碾成小粒。

2　将大米淘洗干净，放入锅中，加适量水，用小火煮至粥八成熟。

3　将碾好的核桃仁、芝麻和花生米，一起放入锅中熬煮至熟烂，最后加入蜂蜜即可。

油菜炒虾仁

虾仁200克，油菜250克，胡萝卜50克，莴笋150克，葱花适量，精盐1小匙，植物油1大匙，水淀粉2小匙。

1 将胡萝卜、莴笋洗净，切成长条；虾仁挑去虾线，洗净；油菜择净，用清水洗净。

2 将胡萝卜条、莴笋条、虾仁、油菜用沸水焯3分钟，捞出投凉。

3 炒锅烧热，加入植物油，六成热时放葱花爆香，加入胡萝卜条、莴笋条、虾仁、油菜，加精盐翻炒均匀，出锅前用水淀粉勾芡即可。

牛奶菜花

菜花400克，牛奶、鲜汤各50克，精盐、鸡精、葱花、水淀粉、花生油各适量。

1 将菜花清洗干净，掰成小朵，放入沸水锅中焯一下，捞出沥干水分备用。

2 炒锅上火烧热，放入花生油，放入葱花炒出香味。

3 加入鲜汤烧开后，放入菜花烧几分钟，加精盐、鸡精、牛奶，转小火烧片刻，用水淀粉勾芡，淋在菜花上，搅拌均匀即可出锅上盘。

语言胎教：睡前故事《星星银元》

今天给胎儿讲一个充满爱心的小故事，告诉胎儿在生活中要帮助需要帮助的人，要怀有一颗善良的心。

《星星银元》

从前有个小女孩，从小父母双亡，她穷得没有地方住，也没有床儿睡，除了身上穿的衣服和手里拿的一块面包外，什么也没有了，就是那面包也是个好心人送的。她心地善良，待人诚恳，但她无依无靠，四处流浪。

一次她在野外遇了一位穷人，那人说："行行好，给我点吃的，我饿极了。"小姑娘把手中的面包全部给了他。往前走了没多久，她又遇到了一个小男孩，哭着哀求道："我好冷，给我点东西遮一遮好吗？"小女孩听了，取下了自己的帽子递给他。然后她又走了一会儿，她看见一个孩子没穿罩衫，在风中冷得直发抖，她脱下了自己的罩衫给了他。再走一会儿又有一个小女孩在乞求一件褂子，她把自己的褂子给了她。

最后，她来到了一片森林，这时天色渐渐暗起来了。走着走着又来了一个孩子，请求她施舍一件汗衫，这个善良的小女孩心想："天黑了，没有人看我，我完全可以不要汗衫。"就脱下了自己的汗衫给了这个孩子。当她就这样站着，自己一点东西也没有时，突然有些东西从天上纷纷落了下来，原来是星星变成了硬邦邦、亮晶晶的银圆。虽然她刚才还把汗衫给了人，现在身上却神奇地多了一件崭新的亚麻做的汗衫，小女孩马上把银圆捡起装在了兜里，终生不再缺钱用。

知识胎教：认识数字3和4

孕妈妈在这周要教胎儿学数字"3、4"，教"3"这个数字时，可以说"3像耳朵听声音"等，让"3"这个数字变得具体又形象；在教"4"这个数字时，可以说"4像红旗随风飘"。

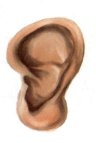

3像耳朵听声音。　　　　　　4像红旗随风飘。

美学胎教：名画欣赏《小淘气》

当孕妈妈看到名画《小淘气》时，会不会想到自己的宝宝诞生时会长得像谁呢？也许宝宝的大眼睛像妈妈，高鼻梁和小嘴巴像爸爸，如果是男孩儿，那么一定很帅气，如果是女孩儿，一定和画中的女孩一样美丽。

《小淘气》是威廉·阿道夫·布格罗的作品，威廉·阿道夫·布格罗是法国19世纪上半叶至19世纪末法国学院艺术绘画的最重要人物。布格罗追求唯美主义，擅长创造美好、理想化的境界。布格罗的作品已经完全摆脱了古典主义手法的束缚，从生活出发，表达一种博爱的人性思想。

他强调形式之美，关注母爱，善于运用幻想的方式，注重女性美感的塑造。因此，这种完美的风格吸引了大批艺术追随者，他一生获得多种殊荣，成为当时法国最著名的画家。

《小淘气》这幅画表现的是妈妈将孩子从栏杆上抱下来的一瞬间。孩子粉红的脸庞（在周围墨绿的浓荫中，这抹粉红让整个画面显得极其生动）正对着画面，像天使一般美丽；母亲把脸庞侧面留给观赏者，留下巨大的想象空间。母亲与孩子对视的那一瞬间，正是心灵的无声交流。尤其值得揣摩的是画面的背景。正是这浓密的绿荫，让母子与外面世界隔离开来，形成一个相对封闭的空间。这个空间，在这一时刻，只属于充溢着温情的母子俩……

小淘气／（法）威廉·阿道夫·布格罗

趣味胎教：对对联

《五字对联》

花开香富贵，竹报岁平安。

海为龙世界，云是鹤家乡。

寿同山岳永，福共海天长。

日月华光照，乾坤喜气多。

五云迎晓日，万福集新春。

三阳从地起，五福自天来。

祥光普天照，瑞气盈华门。

《六字对联》

与松竹梅交友；择兰荷菊为邻。

山碧千峰竞秀；水清百鸟争春。

月明五湖曙色；潮满三江春光。

户户金花报喜；家家紫燕迎春。

孔雀开屏报喜；画眉欢唱迎春。

冬去山明水秀；春来鸟语花香。

日暖风调雨顺；家和人寿年丰。

《七字对联》

和顺一门有百福，平安二字值千金。

一年四季春常在，万紫千红花永开。

百世岁月当代好，千古江山今朝新。

喜居宝地千年旺，福照家门万事兴。

一帆风顺年年好，万事如意步步高。

百年天地回元气，一统山河际太平。

春雨丝丝润万物，红梅点点绣千山。

本周重要提示

 警惕妊娠高血压综合征

进入孕中晚期，孕妈妈患上妊高征的风险比较大。因此，一定要定期去做产检，通过测量血压，有异常的话会第一时间发现并进行治疗。

妊高征前期的表现

区域	注意事项
1	收缩压131～139毫米汞柱，舒张压81～89毫米汞柱
2	孕中晚期每周体重增加超过0.5千克
3	出现不易消退的水肿

哪些孕妈妈易患妊高征

	易患妊高征的孕妈妈
1	年轻初产妇（年龄小于20岁）及高龄初产妇（年龄大于35岁）
2	体型矮胖的孕妈妈
3	双胎妊娠，以及羊水过多的孕妈妈
4	营养不良，特别是伴有严重贫血的孕妈妈
5	患有原发性高血压、慢性肾炎、糖尿病合并妊娠者，其发病率较高，病情可能更为复杂
6	家族中患有高血压史，如孕妈妈的母亲有妊高征病史，孕妈妈发病的可能性较大

第二十八周：胎儿大脑迅速发育

宫　高　23～28.5厘米。
胎　长　26厘米左右。
胎　重　1.1千克左右。

胎儿和孕妈妈的变化

生殖器官迅速发育

胎儿正在以最快的速度生长发育。胎儿现在的主要任务是增加体重。此时男孩儿的睾丸开始下降进入阴囊。女孩儿的阴唇仍很小，还不能覆盖阴蒂，在怀孕最后几周，两侧的阴唇将逐渐靠拢。

感到明显疲劳

孕晚期不仅腹部增大，手臂、腿、脚踝等部位也容易肿胀发麻。夜间出现轻微的水肿是非常正常的，所以不用担心。但如果早晨醒来，脸部严重肿胀，或水肿一整天不消退，就有可能患了妊娠高血压综合征，建议及时到医院做检查。

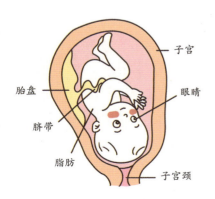

子宫
胎盘
眼睛
脐带
脂肪
子宫颈

营养胎教：吃出美丽

本周营养重点

重点补充

铁

适量补充

蛋白质

必需脂肪酸

吃对食物，妊娠斑一扫光

妊娠斑的形成与孕期饮食有着密切关系，如果孕妈妈的饮食中缺少一种名为谷胱甘肽的物质，皮肤内的酪氨酸酶活性就会增加，从而导致黄褐斑"大举入侵"。

番茄

平凡的番茄具有保养皮肤、消除雀斑的神奇功效。它所含的丰富的番茄红素、维生素C是抑制黑色素形成的最好武器。有实验证明，常吃番茄可以有效减少黑色素形成。

每日喝1杯番茄汁或经常吃番茄，对防治雀斑有较好的作用。因为番茄中含丰富的维生素C，被誉为"维生素C的仓库"。维生素C可以抑制皮肤内酪氨酸酶的活性，有效减少黑色素的形成，从而使皮肤白嫩，黑斑消退。

猕猴桃

猕猴桃营养丰富，含有丰富的食物纤维、维生素C、B族维生素、维生素D、钙、磷、钾等微量元素和矿物质，被誉为"水果金矿"。

猕猴桃可以有效抑制皮肤内多巴醌的氧化作用，使皮肤中深色氧化型色素转化为还原型浅色素，干扰黑色素的形成，预防色素沉淀，保持皮肤白皙，并有助于消除皮肤上已有的斑点。

柠檬

柠檬也是抗斑美容的拿手水果。柠檬中所含的枸橼酸能有效防止皮肤色素沉着。使用柠檬制成的沐浴剂洗澡能使皮肤滋润光滑。

新鲜胡萝卜

每日喝1杯胡萝卜汁，具有神奇的祛斑作用。因为胡萝卜含有丰富的维生素A原。维生素A原在体内可转化为维生素A。

黄瓜

黄瓜中含有丰富的维生素C，能够起到消褪色素的作用。同时含有丰富的钾盐和一定数量的胡萝卜素、维生素C、维生素B$_1$、维生素B$_2$、糖类等营养成分。

蜂蜜

蜂蜜被誉为"大自然中最完美的营养食品"，含有大量易被人体吸收的氨基酸、维生素及糖类，营养全面而丰富，常食可使皮肤红润细嫩、有光泽。

饮食削水肿，安全又有效

水肿属妊娠期正常现象，孕妈妈不要过于紧张。消除下肢水肿除了不要过于劳累，经常变换体位以外，还可以通过饮食达到消肿的目的，一些富含维生素C的食物就会起到很好的消肿效果。

冬瓜

冬瓜是非常好的利水消肿食物，冬瓜含有丰富的维生素、蛋白质、膳食纤维以及钙、磷、铁等矿物质，其中钾元素含量很高，钠元素含量很低。此外，冬瓜所含的本病二酸能抑制糖类转化成脂肪，防止体内脂肪堆积。

芹菜

芹菜含利尿成分，能消除体内水钠潴留，利尿消肿。芹菜富含钾，尤其可有效预防下半身水肿的发生。芹菜中所含的膳食纤维具有很好的通便作用，尤其适合便秘的孕妈妈食用。因为芹菜具有很强的降压作用，因此血压低的孕妈妈不要多吃。

红豆

红豆适合于消除各种类型的水肿，不但具有利尿消肿、清热解毒的功效，还能够补血，是孕妈妈的滋补佳品。孕妈妈可以经常喝红豆汤，在煮红豆汤之前先浸泡红豆，以利于红豆熟烂。

鲤鱼

鲤鱼的蛋白质作为营养补充到血液中之后，可以提高血浆的胶体渗透压，使水肿消退，对孕期水肿、胎动不安有很好的疗效。鲤鱼和红豆一起炖煮，效果更明显。

一周美味食谱

彩色蔬菜汤

胡萝卜1根，豌豆、红腰豆、玉米粒各30克，百合50克，豇豆100克，洋葱半个，蒜末少许，精盐适量，番茄酱、植物油各2大匙。

1. 胡萝卜洗净，切成丁；豇豆洗净，切成段；洋葱去皮，洗净，切小块；百合洗净，切小块。
2. 红腰豆洗净，用清水浸泡一晚，连泡豆子的水一起煮沸，转小火煮至豆子熟软，捞出控水。
3. 炒锅烧热，加植物油，六成热时下入洋葱块、蒜末、番茄酱、豇豆翻炒，再加入清水，放入豌豆、红腰豆、玉米粒、百合，加精盐调味，再煮10分钟即可。

八宝菜

瘦肉100克，火腿80克，白菜300克，竹笋200克，香菇3朵，西蓝花100克，虾仁80克，精盐、植物油、酱油、胡椒粉、水淀粉各适量。

1　瘦肉、火腿、白菜、竹笋切片，香菇泡软，西蓝花切块，虾仁由背剖切洗净，备用。

2　锅内放水烧开后，加入白菜烫1分钟，西蓝花烫2分钟捞起。

3　热油先把虾仁、瘦肉片分别炒熟捞起，放入香菇、火腿、白菜、西蓝花和竹笋片，炒约2分钟，续加入虾仁瘦肉片，再加入精盐、酱油、胡椒粉炒匀，最后用水淀粉勾芡即可。

咖喱牛肉土豆丝

牛肉300克，土豆400克、淀粉、酱油、料酒、葱、姜、精盐、咖喱粉、植物油各适量。

1　将牛肉自横断面切成丝，将淀粉、酱油、料酒调汁浸泡牛肉丝；土豆洗净去皮，切成丝。

2　将油热好，先干炒葱姜丝，再将牛肉丝下锅干炒后，将土豆丝放入，再加入酱油、精盐及咖喱粉，用大火炒几下即成。

语言胎教：《我有一个恋爱》

推荐孕妈妈欣赏徐志摩的《我有一个恋爱》，在这首诗中，诗人的人生追求与晶莹的星光互为溶合，表达出诗人执著的爱恋与坚定的信仰。

《我有一个恋爱》

徐志摩

我有一个恋爱——
我爱天上的明星；
我爱他们的晶莹：
人间没有这异样的神明。
在冷峭的暮冬的黄昏，
在寂寞的灰色的清晨。
在海上，在风雨后的山顶——
永远有一颗，万颗的明星！
山涧边小草花的知心，
高楼上小孩童的欢欣，
旅行人的灯亮与南针——
万万里外闪烁的精灵！
我有一个破碎的魂灵，
像一堆破碎的水晶，
散布在荒野的枯草里——
饱啜你一瞬瞬的殷勤。
人生的冰激与柔情，
我也曾尝味，我也曾容忍；
有时阶砌下蟋蟀的秋吟，
引起我心伤，逼迫我泪零。
我袒露我的坦白的胸襟，
献爱与一天的明星；
任凭人生是幻是真
地球在或是消泯——
太空中永远有不昧的明星！

美学胎教：名画欣赏《星月夜》

孕妈妈平时可以静下心来读一首诗，也可以用心地感受一幅画，让胎儿和自己沉浸在欣赏艺术的快乐之中。

《星月夜》是荷兰后印象主义画家文森特·威廉·梵高的油画名作。这幅画描绘了一个夸张变形与充满强烈震撼力的星空景象。那卷曲旋转的巨大星云，那一团团夸大了的星光，以及那一轮令人难以置信的橙黄色明月，大约是画家在梦中所见。对梵高来说，画中的图像都充满着象征的含义。那轮从月食中走出来的月亮，暗示着某种神性，使人联想到梵高所乐于提起的一句雨果的话："上帝是月食中的灯塔"。而那巨大的、形如火焰的柏树，以及夜空中像飞过的卷龙一样的星云，象征着人类的挣扎与奋斗的精神。

这幅画在梵高这里变成了一种深刻有力的呐喊，一种无法言表的精神的颤动。金黄色、深蓝色、橙色、绿色、紫色……画中的色彩都是梵高一生钟爱的颜色，它们在画中如同一些凝固而孤独的圣者，象征着光辉、生命和永恒的神秘。

星月夜／（荷兰）文森特·威廉·梵高

运动胎教：孕妇操第二节

　　双脚分开约1米宽站立，放松双肩，挺直后背。调整呼吸，双手合十置于胸前。吸气，在缓缓呼气时身体慢慢下蹲，尽力向下，保持上身与地面垂直。

　　双腿分开到最大限度。双肩打开下沉，双手自然打开与肩平行，慢慢下蹲，深呼吸，保持5秒。

　　双腿分开到最大限度。双肩打开下沉，双手自然打开与肩平行，慢慢下蹲，慢慢转动颈部呈90°，保持5秒，还原，另一方向做相同动作。

知识胎教：学习拼音

今天，孕妈妈可以教胎儿学习拼音的读法，虽然现在胎儿不会说话，但是胎儿喜欢听孕妈妈的声音。

23个声母

b p m f d t n l g k h j q x

zh ch sh r z c s y w

24个韵母

单韵母6个：a o e i u v

复韵母9个：ai ei ui ao ou iu ie ue er

前鼻韵母5个： an en in un vn

后鼻韵母4个：ang eng ing ong

整体认读：zhi chi shi ri zi ci si yi wu yu

ye yue yuan yin yun ying

教声母的方法

当孕妈妈将这23个声母印在脑子里的时候，要注意运用意念胎教法和胎儿交流。孕妈妈可以对胎儿说："亲爱的胎儿，我们会念20多个拼音字母了，让我们看看b像什么呀？像一把小汤匙"

教韵母的方法

孕妈妈在运用意念胎教教胎儿学习韵母的时候，可以先记住发音，然后运用形象记忆法深化记忆。也可以分组一点一点地学习。等到孕妈妈感觉随时都能回忆出这些拼音的时候，可以经常运用意念胎教和胎儿交流。

本周重要提示

 假性宫缩别紧张 ★

当孕妈妈出现假性宫缩时千万不要紧张，否则宫缩会加剧。安静地休息一会儿，深呼吸，不适的感觉很快就会过去。

预防假性宫缩3要点

序号	原因
1	保持愉快的心情
2	不要过度劳累，不要走太远的路，不要长时间站着或坐着
3	不要经常摸肚子，因为经常摸肚子会刺激腹肌和子宫，容易引起宫缩

宫缩频繁时这样做

	自我检查		危机处理
1	在例行产检时应该主动告诉医生，医生会帮孕妈妈安排最适当的检查及处置	1	放下手边的工作，马上休息，若可躺下最好
		2	区别宫缩的频率、强度、间隔、位置
2	若是突然间出现规则且密集的子宫收缩，休息也不会改善，最好还是及时到医院检查或治疗	3	休息30～60分钟后，如果是假性宫缩，则情况改善；如果为早产宫缩或生产阵痛，那就要尽快就医

第八章

孕八月 孕晚期不适来袭

第二十九周：胎儿越来越"淘气"

宫　高　23.5～29.5厘米。
胎　长　37厘米左右。
胎　重　1.25千克左右。

胎儿和孕妈妈的变化

眼睛完全睁开了

此时胎儿能完全睁开眼睛，而且能看到子宫外的亮光，所以用手电筒照射时，胎儿的头会随着光线移动。这时期的胎儿对光线、声音、味道和气味更加敏感，能区别出日光和灯光。

要警惕早产

一般情况下，孕妈妈每天会有规律地出现4～5次的子宫收缩，这时最好暂时休息。为了顺利地分娩，子宫颈部排出的分泌物会增多。为了预防瘙痒，孕妈妈要经常换洗内裤，保持身体的清洁。

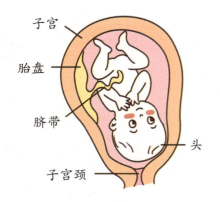

子宫
胎盘
脐带
头
子宫颈

营养胎教：孕晚期营养指导

本周营养重点

重点补充

蛋白质

适量补充

综合维生素

微量元素

补充必需脂肪酸

此期是胎儿大脑细胞增殖的高峰，孕妈妈需要提供充足的必需脂肪酸，以满足大脑发育所需，多吃海产品可利于DHA的供给。鱼肉含有优质蛋白质，脂肪含量却比较低。鱼还含有各种维生素、矿物质和鱼油，有利于胎儿大脑发育和骨骼发育，是孕晚期最佳的蛋白质来源。而且鱼中富含Ω-3-脂肪酸，能有效防止早产。

饭后休息半小时

众所周知，饭后马上躺下会妨碍消化，容易发胖，但孕妈妈例外。饭后30分钟之内，脸朝右侧卧，这样能把血液集中到腹部，可以给胎儿提供充分的营养。但是不能在这段时间内熟睡或在床上翻滚。

饮食少盐又少糖

怀孕后期，最危险就是妊娠高血压。为了预防妊娠高血压，要减少盐和水分以及糖分的摄取量，为此要适当改变烹调方法和饮食习惯。制作沙拉时，最好用柠檬和食醋代替酱油和盐；吃面时，最好不要喝面汤。

餐次安排要合理

餐次安排上，随着胎儿的增大，各种营养物质需要增加，胃部受到挤压，容量减少，应选择体积小、营养价值高的食物，要少食多餐，可将全天所需食物分5～6餐进食，可在正餐之间安排加餐，补充孕期需要增加的营养。另外，当机体缺乏某种营养时，可在加餐中重点补充所需营养。热能的分配上，早餐的热能占据全天总热能的30%，要吃得好；午餐的热能占据全天总热能的40%，要吃得饱；晚餐的热能占据全天总热能的30%，要吃得少。

牛奶花蛤汤

花蛤400克，植物油10克，红椒、姜片、精盐、鲜奶、鸡汤、鸡精、胡椒粉各适量。

1 将花蛤放入淡盐水中浸泡使其吐清污物，然后放入滚水中煮至开口，捞起后去掉无肉的壳。

2 红椒洗净，切成细粒。

3 炒锅下油烧热，放入红椒、姜片爆香，加入鲜奶、鸡汤煮滚后，放入花蛤用猛火煮1分钟，最后加入精盐、鸡精、胡椒粉即成。

虾片粥

大米300克、大虾200克、精盐、淀粉、花生油、料酒、酱油、白糖、葱花、胡椒粉各适量。

1 将大米淘洗干净，放入盆内，加盐拌匀稍渍；将大虾去壳并挑出沙肠洗净，切成薄片，盛入碗内，放入淀粉、花生油、料酒、酱油、白糖和少许精盐，拌匀上浆。

2 锅置火上，放水烧开，倒入大米，再开后小火熬煮40～50分钟，至米粒开花，汤汁黏稠时，放入浆好的虾肉片，用大火烧滚。

3 撒上葱花、胡椒粉即可。

菠菜煎豆腐

豆腐400克、菠菜200克、植物油、精盐。

1 将豆腐切片，菠菜切段。

2 锅烧热加油，豆腐片放入油锅两面煎黄。

3 加精盐，烧1～2分钟后，再加菠菜段即可。

语言胎教：经典的寓言故事

《狐狸和葡萄》

——摘自《伊索寓言》

在一个炎热的夏日，一只狐狸走过一个果园，它停在了一大串熟透而多汁的葡萄前。它从早上到现在一点儿东西也没吃呢！狐狸想："我正口渴呢。"于是它后退了几步，向前一冲，跳起来，却无法够到葡萄。狐狸后退继续尝试。一次，两次，三次，但是都没有摘到葡萄。狐狸试了又试，都没有成功。最后，它决定放弃，它昂起头，边走边说："我敢肯定它是酸的。"正要摘葡萄的孔雀说："既然是酸的那就不吃了。"孔雀又告诉了准备摘葡萄的长颈鹿，长颈鹿没有摘，长颈鹿告诉了树上的猴子，猴子说："我才不信呢，我种的葡萄我不知道吗？肯定是甜的。"猴子说着便摘了一串吃了起来。

《善与恶》

——摘自《伊索寓言》

力量弱小的善，被恶赶到了天上。善于是问宙斯，怎样才能回到人间去。宙斯告诉他，大家不要一起去，一个一个地去访问人间吧。恶与人很相近，所以接连不断地去找他们。善因为从天上下来，所以就来得很慢很慢。

《公鸡与宝玉》

——摘自《伊索寓言》

一只公鸡在田野里为自己和母鸡们寻找食物。

它发现了一块宝玉，便对宝玉说："若不是我，而是宝石商找到了你，他会非常珍惜地把你捡起来；但我发现了你却毫无用处。我与其得到世界上一切宝玉，倒不如得到一颗麦子好。"

自己需要的东西才是真正珍贵的。

音乐胎教：哼唱一首儿歌

　　孕妈妈最好在孕期里多抽出一些时间来进行音乐胎教。只要孕妈妈带着对胎儿深深的母爱去唱，胎儿一定能感受到。心情愉悦地哼唱，胎儿一定会十分喜欢。

《一只小毛驴》

趣味胎教：开怀笑一笑

《考驾照》

一女人考驾照，路考。前面的那个人下车，轮到她了，她很紧张！她从右侧下车，下车后绕到左侧，拉开车门紧接着一声大叫：教练！方向盘哪儿去了！考官回头看她一眼，很平静地说：你开的是后门。

《他的职业》

我曾经喜欢一个女孩，但她不喜欢我。她说她喜欢的男人是那种开车在路上大家都不敢靠近的那种。她觉得那样的男人才霸气。上个月。她结婚了，如她所愿，她老公是开洒水车的！

《哭笑不得的爸爸》

一个男人在等候室焦急地等着他临产的妻子。过了很长时间，一位笑意盈盈的护士推着装了三个婴儿的婴儿车出来。男人仔细看了看三个婴儿，郑重地对护士说道：我要中间这一个。

《北极探险家》

六岁儿子："爸爸，我长大了要当一名北极探险家。"爸爸："好啊，爸爸支持你。"孩子："可是我想现在开始训练自己。"爸爸："怎么个训练法？"孩子："我每天要吃一个冰淇淋。"

本周重要提示

★ 减少心理压力 ★

常常担心胎儿的健康，老是在怀疑自己的怀孕症状有没有问题，看到相关的医学介绍，就会有莫名地紧张和害怕，夜晚睡觉时常常有失眠并且多梦的症状。这些症状的产生，主要是因为孕妈妈心理压力过大。

当孕妈妈压力过大和情绪不稳定时，家人的支持就显得格外重要。只要家人多付出一些关心和帮助，就可使孕妈妈心情好转。

丈夫可以陪同妻子一起去咨询精神科医生，在尽量不使用药物的前提下，使孕妈妈的心情开朗起来，这样胎儿也不至于受到太大的影响。

第三十周：胎儿的生殖器更加明显

宫 高　24～30.5厘米。
胎 长　38厘米左右。
胎 重　1.35千克左右。

胎儿和孕妈妈的变化

抬头向下旋转

此时胎儿的胎毛正在消失，头发变得浓密了。虽然这时候不能自己呼吸，不能自己保持体温，但是已经具备身体所需的全部器官，所以此时即使早产，胎儿的存活率也很高。现在许多胎儿呈头向下的姿势，这是最普遍、最容易出生的姿势。

出现呼吸急促

随着子宫的增大，它开始压迫横膈膜，所以孕妈妈会出现呼吸急促的症状。为了缓解呼吸急促症状，坐立姿势要端正，这样有利于减轻子宫对横膈膜的压迫。睡觉时，最好在头部和腰部垫上靠垫。

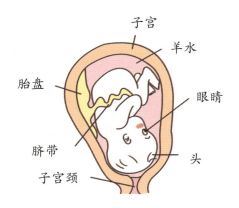

子宫
羊水
胎盘
眼睛
脐带
头
子宫颈

营养胎教：孕晚期易发生胃灼热

本周营养重点

重点补充

钙　蛋白质

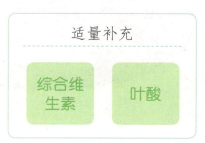

适量补充

综合维生素　叶酸

缓解胃灼热的方法

序号	缓解方法
1	少食多餐，使胃部不要过度膨胀，即可减少胃酸的逆流
2	睡前两小时不要进食，饭后半小时至1小时内避免卧床
3	睡觉时尽量以枕头垫高头部15厘米，以防止发生逆流
4	在医生的指导下服用药物中和胃酸
5	体重若过重，应控制自身体重的增加，并避免食用高糖分的食物或饮料
6	油腻食物会引起消化不良；酸性食物或醋会使胃灼热加剧，孕妈妈皆应尽量避免食用
7	咖啡会使食道括约肌松弛，并加剧胃酸的回流，亦应避免饮用
8	过热食物及辛辣食物都会对胃部产生刺激，所以均宜避免食用
9	多吃含β-胡萝卜素的蔬菜，及富含维生素C的水果，如胡萝卜、甘蓝、红椒、青椒、猕猴桃。

这些食物会加重胃灼热

高浓度、高糖分的食物

蛋糕、巧克力、冰激凌、糖果、面包等很容易产生饱足感，加重胃灼热感。

刺激性食物、饮料

咖啡、茶、醋、辣椒等食物容易刺激胃黏膜，引起胃灼热。

酸性水果

刺激性食物、橙子、橘子等水果含酸较多，很容易引起胃灼热。

一周美味食谱

凉瓜酸菜瘦肉

凉瓜400克，酸菜梗200、瘦猪肉各200克，精盐、鸡精各适量。

1 凉瓜洗净，去瓜核，切成片；酸菜梗（选用咸酸菜梗）洗净，切件；瘦猪肉洗净，切件。

2 把凉瓜、瘦猪肉放进锅内，加清水适量，大火煮后，小火煲1小时，放咸酸菜梗，再煲20分钟，加精盐、鸡精调味供用。

多味黄瓜

黄瓜500克，干椒丝、姜丝、精盐、酱油、白糖、米醋、植物油、香油各适量。

1 将黄瓜洗净，切成小块，放入容器中，加入少许精盐腌渍片刻。

2 锅中加油烧热，放入干椒丝、姜丝炒香，再加入酱油、白糖、米醋略熬成汁，然后加入香油搅匀，倒入碗中。

3 将腌好的黄瓜块放入调味碗中拌匀，腌制20分钟，即可装盘上桌。

骨头白菜煲

白菜嫩叶500克，猪脊骨200克，精盐2小匙，鸡精1小匙，胡椒粉少许，清汤适量。

1 将白菜嫩叶用清水洗净，撕成大块，放入沸水锅中焯烫一下，捞出用冷水过凉，沥去水分。

2 将猪脊骨砍成大块，放入清水锅中烧沸，焯烫5分钟，捞出冲净，沥去水分。

3 净锅置火上，加入清汤，放入脊骨块烧沸，转小火煮约1小时。

4 再放入白菜叶，加入精盐、鸡精、胡椒粉煮约5分钟，出锅装碗即成。

语言胎教：读一读民间童谣

孕妈妈是不是对临产有满满的期盼和一丝的恐惧？读一读传统民谣，放松下来。

《拉大锯》

拉大锯，扯大锯，
姥姥家里唱大戏。
接姑娘，请女婿，
就是不让冬冬去。
不让去，也得去，
骑着小车赶上去。

《新年到》

新年到，放鞭炮，
噼噼啪啪真热闹。
耍龙灯，踩高跷，
包饺子，蒸年糕。
奶奶笑得直揉眼，
爷爷乐得胡子翘。

《小白兔》

小白兔，白又白，
两只耳朵竖起来。
爱吃萝卜爱吃菜，
蹦蹦跳跳真可爱。

《我有一双小小手》

我有一双小小手，
一只左来一只右。
小小手，小小手，
一共十个手指头。
我有一双小小手，
能洗脸来能漱口，
会穿衣，会梳头，
自己事情自己做。

《小松鼠》

小松鼠，尾巴大，
轻轻跳上又跳下，
我帮你，你帮他，
采到松果送回家。

《五指歌》

一二三四五，
上山打老虎。
老虎没打到，
见到小松鼠。
松鼠有几只？
让我数一数。
数来又数去，
一二三四五。

知识胎教：认识太阳

　　太阳是距离地球最近的恒星，是太阳系的中心天体。太阳系质量的99.87%都集中在太阳。太阳系中的八大行星、小行星、流星、彗星、海王星天体以及星际尘埃等，都围绕着太阳运行（公转）。太阳给了地球光和热，给了地球四季，给了地球生命，没有太阳的光照，就没有地球上众多的生命，动物、植物都依靠着太阳生活。

午后阳光／（法）卡米耶·毕沙罗

运动胎教：孕妇操第三节

吸气，收腹、挺胸、塌腰、屈右腿，左腿向后伸直，双手并拢用力向上伸展，身体前倾。屏住呼吸，保持几秒钟，恢复初始状态。然后换腿进行。

双腿分开到最大限度。双肩打开下沉，双手自然打开与肩平行，慢慢下蹲，深呼吸，身体慢慢转向右侧，保持5秒钟，还原，另一侧做同样动作。

双脚分开约80厘米站立，双臂侧平举，吸气，呼气，上身缓缓向右侧弯曲，弯到极限后，右手扶小腿或脚跟，左臂尽量向上伸直，努力保持双臂上下呈一条直线，保持10秒钟，自然地呼吸，慢慢还原到原位后，再换另一侧做一次。

音乐胎教：唱一唱童年歌曲

学唱《泥娃娃》

推荐孕妈妈学唱《泥娃娃》，这首歌是梁弘志所作。他的作品曲调优美，文词婉约，充满意境和韵味。

《泥娃娃》

泥娃娃、泥娃娃，
泥呀泥娃娃，
也有那眉毛也有那眼睛，
眼睛不会眨。

泥娃娃、泥娃娃，
泥呀泥娃娃，
也有那鼻子也有那嘴巴，
嘴巴不说话。

她是个假娃娃，
不是个真娃娃，
她没有亲爱的爸爸，
也没有妈妈。

泥娃娃、泥娃娃，
泥呀泥娃娃，
我做她爸爸，我做她妈妈，
永远爱着她。

学唱《卖报歌》

天气晴朗的星期天，孕妈妈外出散步时就开始哼唱《卖报歌》吧！这会使孕妈妈的心情更加舒畅。

《卖报歌》

啦啦啦！啦啦啦！
我是卖报的小行家，
不等天明去等派报，
一面走，一面叫，
今天的新闻真正好，
七个铜板就买两份报。
啦啦啦！啦啦啦！
我是卖报的小行家，
大风大雨里满街跑，

走不好，滑一跤，
满身的泥水惹人笑，
饥饿寒冷只有我知道。
啦啦啦！啦啦啦！
我是卖报的小行家，
耐饥耐寒地满街跑，
吃不饱，睡不好，
痛苦的生活向谁告，
总有一天光明会来到。

本周重要提示

★ 预防早产 ★

进入孕晚期，早产随时可能发生，如果孕妈妈出现下腹部反复变软变硬，阴道出血以及早期破水等早产征兆，应马上卧床休息并及时就医。

早产有如下征兆	
下腹疼痛	下腹部有类似月经来前般的闷痛，规则的子宫收缩及肚子变硬，每小时6次或更多次的子宫收缩，每一次至少持续40秒
持续背酸	持续性的腰背酸痛，阴道分泌物变多，或夹带红色血丝，如破水或出血、肠绞痛或不停腹泻等
分泌物有异	分泌物增加，有水状或血状的阴道分泌物

注意生活细节	
避免性生活	保持愉快的心情，孕晚期禁止性生活
全面摄取营养	多喝牛奶、吃动物肝脏等，必要时补充铁、钙等制剂，防止铁、铜等微量元素缺乏引起早产
避免剧烈活动	少做弯腰等会增加腹部压力的动作
便秘	喝蜂蜜水，吃膳食纤维丰富的新鲜蔬菜、水果等，以免排便困难诱发早产

第三十一周：肺和消化器官基本形成

宫　高　25～31.5厘米。
胎　长　40厘米左右。
胎　重　1.6千克左右。

胎儿和孕妈妈的变化

生长速度减慢

　　胎儿31周大了，此时胎儿的生长速度全面减慢，子宫空间变窄，羊水量逐渐减少。胎儿脑的发育正在进行最后冲刺，肺是发育成熟最晚的器官。

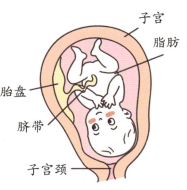

子宫
脂肪
胎盘
脐带
子宫颈

出现尿失禁的现象

　　这时支撑腰部的韧带和肌肉会松弛，所以孕妈妈会感到腰痛。孕妈妈打喷嚏或放声大笑时，会不知不觉出现尿失禁的现象，这是由于增大的子宫压迫膀胱而引起的，不用太担心。

营养胎教：本周怎么吃

本周营养重点

重点补充

| 钙 | 磷 | 锌 | 铁 |

适量补充

| 综合维生素 | DHA |

喝点五谷豆浆

豆浆具有很高的营养价值，一直是我国传统的养生佳品。而五谷豆浆综合了五谷的营养价值，非常适合孕期食用。孕妈妈每天喝一杯五谷豆浆，可增强体质、美容养颜、稳定血糖、防止孕期贫血和妊娠高血压等，可谓益处多多。

少吃甜食

有的孕妈妈特别喜欢吃甜食，孕期还是应该少吃甜食。甜食不仅指糖，米、面、糕点都属于甜食。甜食摄入过多会使母体内的血糖陡然升高又很快下降，不利于胎儿的生长发育。吃了太多的甜食后会感到口渴，而消渴则需要大量饮水，这样不仅增加心脏和肾脏的负担，还影响其他营养物质的摄入。

吃些紫色蔬菜

不同颜色的蔬菜含有不同的营养。蔬菜营养的高低遵循颜色由深到浅的规律，排列顺序总的趋势为：黑色>紫色>绿色>红色>黄色>白色。在同一种类的蔬菜中，深色品种比浅色品种更有营养。

紫色蔬菜包括紫茄子、紫甘蓝、紫洋葱、紫山药、紫扁豆等。这类蔬菜中含有花青素，能给人体带来多种益处，如增强血管弹性、改善循环系统、预防眼疲劳等。因此，孕妈妈应该多吃紫色蔬菜。

吃些野菜

野菜，就是非人工种植的蔬菜。它美味可口、营养丰富，如今已成为人们餐桌上的新宠。以蕨菜为例，含有的铁质为大白菜的13倍，维生素C为其8倍，胡萝卜素为其两倍。此外，野菜污染少，还可刺激食欲，帮助孕妈妈克服厌食症。

因此，在孕妈妈的膳食中，可适当添加一些野菜，对孕妈妈及胎儿的健康都很有好处。

多吃番茄

番茄具有生津止渴、健胃消食、清热解毒、补血养血及增进食欲的功效。它含有多种维生素和营养成分，尤其是番茄中所含的茄红素，对人体的健康非常有益。

番茄生食、熟食均可，而要更多地摄取茄红素，则应对其进行烹煮加工，这样可提高茄红素的吸收利用率，抗氧化效果更好。如果生吃番茄的话，应该选择在饭后，因为空腹食用容易引起胃部不适。

孕妈妈常吃番茄，不仅能增强皮肤弹性，使脸色红润，还能减少甚至消除因激素变化而引起的面部妊娠斑。

值得注意的是，未成熟的番茄含有大量的有毒番茄碱，孕妈妈食用后，会出现恶心、呕吐、乏力等中毒症状，所以应食用熟透的番茄。

红焖海参

水发海参750克，姜块15克，香菜根、葱段各25克，生蒜1头，甘草片5克，精盐、鸡精、红豉油各1小匙，料酒、酱油、水淀粉各1大匙，香油2小匙，植物油3大匙，老汤适量。

1 水发海参收拾干净，放冷水锅内，加入姜块、葱段、精盐、料酒煮几分钟，捞出沥水。

2 锅中加油烧热，加入香菜根、生蒜、酱油、红豉油、甘草片和老汤煮25分钟，捞出杂质成酱汁。

3 加入海参块，转小火焖1小时，再加入精盐、鸡精调匀，用水淀粉勾芡，淋入香油，出锅装盘即成

香脆三丝

白菜300克，胡萝卜200、青椒各200克，大料2~3瓣，精盐、红尖椒、姜末、蒜泥、鸡精、花椒粒、植物油各适量。

1 将白菜、胡萝卜、青椒洗净沥水，切成细丝，撒上精盐腌渍5~10分钟，撒上姜末、蒜泥、鸡精，拌匀后装盘。

2 将红尖椒剪成细丝，与花椒粒、大料一同放在小碗内，将烧热的植物油倒入，凉凉后再淋到菜丝上。

什锦菠菜

菠菜300克，玉米粒、火腿、胡萝卜、腰豆、松子仁各适量，姜末少许，精盐1小匙，水淀粉、植物油各1大匙。

1 将菠菜洗净，切段，在沸水中焯一下，捞出装盘；腰豆煮熟；火腿、胡萝卜切丁。

2 炒锅烧热，加植物油，六成热时下姜末爆香，下入火腿丁、胡萝卜丁、玉米粒、松子仁、腰豆翻炒，炒熟后加精盐，出锅前用水淀粉勾芡，浇在菠菜上即可。

语言胎教：睡前故事《春天来了》

孕妈妈应该多去室外呼吸一下新鲜空气，周围清新的环境会带给你一天的好心情。

《春天来了》

春天来了，小树发芽了，小草变绿了，小花也开了，有桃花、梨花、丁香花、玉兰花，真是漂亮极了。

晚上，天空挂着月亮，小星星在月亮婆婆身边睡着了。这时，公园里传来了好听的说话声。

桃花说："春天真好，我最喜欢春天了，太阳暖暖的，花儿也开了，多好啊！你们说是不是我先开的？是我把春天迎来的。"

梨花说："你说的不对，是我先开的，你看我全身白白的，多像雪白的玉。"

玉兰花说："你们说的都不对，是我最先和春姑娘说话的，我最香了，春姑娘最喜欢我了。"

花儿们的说话声把月亮婆婆吵醒了，月亮婆婆问花儿们："你们说什么呢？真热闹，让我也听听"

梨花向月亮婆婆招招手，高兴地说："月亮婆婆，春天真好，您告诉我们。是谁最先把春天姑娘迎来的？"

月亮婆婆想了想，微笑着说："春姑娘是小草最先迎来的，在你们没开花的时候，小草已经钻出地面了。"听了月亮婆婆的话，桃花、梨花、玉兰花都低下了头。

月亮婆婆又说："好了，孩子们，咱们睡觉吧！待一会儿春姑娘该来叫你们了。"

公园里又静静的了，月亮婆婆，还有桃花、丁香花、玉兰花都闭上眼睛了，她们的梦里春姑娘还在跳舞呢。

知识胎教：认识数字5和6

孕妈妈在这周要教胎儿学数字5、6。教5这个数字时，可以说"5像称钩去买菜"，让"5"这个数字变得具体又形象；在教6这个数字时，可以说"6像口哨吹得响。"

5像称钩去买菜。

6像口哨吹得响。

趣味胎教：动手做捏泥——螃蟹

孕妈妈在粘贴螃蟹腿的时候可能会粘贴不上，可以使用牙签进行辅助，使其粘牢。

步骤5：搓出6个圆形当做螃蟹的爪子。

步骤1：取白色、红色、黑色彩泥各一块。

步骤3：用白色的彩泥做出眼白，用黑色的彩泥做出黑眼珠。

步骤2：将红色彩泥做成半圆形身体和眼睛。

步骤4：用红色的彩泥捏成三角形，用剪刀剪一下，做成钳子。

步骤6：将各部分粘贴在一起，完成。

美学胎教：欣赏名画《有香有色》

　　《有香有色》在辽宁中正2010仲夏艺术品拍卖会上出现过，它最终被来自北京的竞拍者以210万的高价捧走。

　　《有香有色》是齐白石老人中后期的佳作。所绘的山石、花卉、草虫相互映衬，生动有趣，真正体现了齐派风格。在浓墨的山石映衬下，色彩鲜明的花草分外显眼，底部的蚱蜢活灵活现。充分显示了白石老人对民间艺术的成功借鉴。童心未泯的白石老人，怀着对生活的美好向往，将大自然生命的跃动与情趣展现得淋漓尽致。无论从布局章法，还是笔墨气韵而言，都堪称佳作。

　　为什么齐白石笔下的蚱蜢如此生动呢？据说齐白石小时候家里很穷。他八岁就给人家放牛、砍柴。他经常用木棍在地上画画。后来，他当了木匠，白天干活，晚上在昏暗的油灯下学画。齐白石家里种着许多花草，招来许多小昆虫，水缸里还养着鱼和虾，他每天仔细地观察它们。他要画蚱蜢，就跟在一只蚱蜢后面满院子跑，一直到看清蚱蜢跳跃时双腿的动作为止。别人劝他把蚱蜢拴住再看，他说拴上绳子蚱蜢不舒服，动作不自然，那就画不准了。勤于观察和刻苦练习使得齐白石获得了很大的成功，他的画深受各国人民的喜爱。

本周重要提示

✦ 预防前置胎盘 ✦

　　前置胎盘是妊娠晚期出血的主要原因之一，主要症状是无痛性、反复阴道出血。如果处理不当，将会危及母子生命安全，需格外警惕。如果孕妈妈有人工流产、刮宫产等引起的子宫内膜损伤的病史就一定要注意了。

　　为了预防胎盘早剥的发生，孕妈妈应注意充分休息，并保证充足的营养，同时还应坚持产前检查。如果是高危妊娠，更应重视定期复查，积极防治各种并发症。尽量少去拥挤的场所，避免猛起猛蹲、长时间仰卧等。

第三十二周：胎儿的活动变迟缓

宫　高　26～32.5厘米。
胎　长　42厘米左右。
胎　重　1.8千克左右。

胎儿和孕妈妈的变化

感觉器官非常活跃

现在胎儿的五种感觉全部开始工作，他能炫耀一项新本领了——将头从一边转向另一边。胎儿的内脏器官正在发育成熟，脚趾甲全部长出，头发仍在生长。虽然他继续坚持练习睁眼、闭眼，但每天仍有90%～95%的时间在睡眠中度过。

腹内多余空间变小

怀孕32周时，孕妈妈的体重会快速增长。随着胎儿成长，腹部内的多余空间会变小，胸部疼痛可能会更严重，呼吸也越来越急促。不过，当胎儿下降到骨盆位置后，症状就会得到缓解。

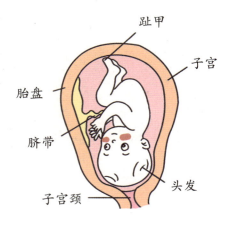

营养胎教：重点补充维生素K

本周营养重点

重点补充

维生素K

适量补充

钙　蛋白质

维生素K的作用

维生素K是参与血液凝固的一种重要物质，如果人体缺乏维生素K，就等于缺乏凝血因子，容易出血或出血难止。

专家指出，人体自身不能制造维生素K，只有靠食补或肠道菌群合成。由于维生素K比较难以通过胎盘吸收，所以婴儿体内原本就缺乏，同时，没有足够的菌群帮助合成。

如何补充维生素K

医生建议，孕妈妈从32周起，服用适量的维生素K，直至分娩，临产前1小时至4小时肌注或静滴维生素K，同时，新生儿也要补充维生素K。除了口服和肌注的方式来补充维生素K，孕妇还可以多食维生素K含量丰富的食物，如菠菜、番茄及鱼类等。

一周美味食谱

鱼肉馄饨

鱼肉300克，淀粉300克，猪肉馅350克，精盐、绍酒、绿叶菜、葱花、鸡油各适量。

1 将鱼肉剁成膏，加精盐拌匀，做成18个鱼丸；砧板上放淀粉，把鱼丸放在淀粉里滚动，用擀面杖做成直径7厘米的鱼肉馄饨皮。

2 将猪肉馅做成18个馅心，用鱼肉馄饨皮卷好捏牢。

3 大火烧锅，放入清水烧沸，下馄饨，用筷子轻搅，以免黏结；用小火烧到馄饨浮上水面5分钟左右，即可捞出。

4 在汤中加盐和绍酒，烧沸后放入绿叶菜（韭菜、香菜均可），倒入盛有馄饨的碗中，撒葱花，淋鸡油即可。

腰果拌肚丁

熟猪肚250克，腰果75克，芹菜50克，葱花25克，花椒5粒，精盐1大匙，鸡精、米醋、白糖各1小匙，辣椒油2大匙，香油1/2小匙。

1 腰果用温水浸泡，再捞入清水锅中，加入精盐、花椒烧开，转小火煮约30分钟，捞出沥干水分。

2 芹菜择洗干净，放入沸水锅焯烫3分钟，捞出过凉，切成小段；猪肚切成1厘米见方的丁。

3 将猪肚、腰果、芹菜一同放入碗中，加入葱花、精盐、鸡精、米醋、白糖、辣椒油、香油调拌均匀即可。

银鱼焖蛋

鸡蛋250克，银鱼200克，水发木耳、春笋丝、韭菜段各50克，精盐1小匙，鸡精、白糖各1/2小匙，酱油、料酒、水淀粉各1大匙，鲜汤100克，植物油3大匙。

1 将银鱼去头及尾，洗涤整理干净；鸡蛋磕入碗中，加入精盐打散；春笋丝放入沸水中焯透，捞出沥干；木耳去蒂、洗净，撕成小朵。

2 锅中加入植物油烧热，下入银鱼略炒，盛出，再放入鸡蛋液中拌匀。

3 锅再上火，加油烧热，倒入蛋液煎至两面熟透，加入料酒、酱油、精盐、鸡精、白糖，添入鲜汤烧沸。

4 放入笋丝、木耳焖2分钟，用水淀粉勾芡，放入韭菜段炒匀，淋入香油，出锅装盘即可。

语言胎教：朗诵《给爱恩斯》

《给爱恩丝》是雪莱赞美他的新生女儿爱恩丝的诗句，诗句表达出了雪莱对女儿的喜爱及赞美之情。

《给爱恩斯》

雪莱

你可爱极了，

婴孩，

我这么爱你！

你那微带笑魇的面颊，

蓝眼睛，

你那亲热的、柔软动人的躯体，

教充满憎恨的铁心都生出爱心；

有时候，

你要睡就马上睡着了，

你母亲俯身把你抱紧在她清醒的心上，

你默默的眼睛所感到的一切动静就把她喜悦的爱怜传到你身上；

有时候，

她把你抱在洁白的胸口，

我深情注视你的脸，她的面貌就在你脸上隐现——这样的时候，

你更可爱了，

美丽纤弱的花苞；

你母亲的美影借你温柔的神态充分呈现后，

你就最最可爱！

第一次爱抚／（法） 威廉·阿道夫·布格罗

音乐胎教：欣赏《远航》

孕妈妈可听一些象征着勇气和智慧的歌，让歌声伴着孕妈妈的声音，告诉胎儿勇敢的意义。《远航》是电影《哥伦布传》的主题曲，《远航》这首歌朴实无华、意境悠远，既有心情的宣泄，又带点淡淡的忧伤，透出一股苍茫，给人以力量。

河中的帆船／（法）克劳德·莫奈

《远航》

I am sailing 我在航行
Home again 'cross the sea
跨越海洋再次归家
I am sailing stormy waters
我在暴风中航行
To be near you 向你靠近
To be free 获得自由
I am flying 我在飞翔
Like a bird 'cross the sky
像只鸟儿飞越天空
I am flying passing high clouds
我在白云中穿越飞翔
To be near you 向你靠近
To be free 获得自由
Can you hear me 你可听到我的心声
Through the dark night far away
夜空茫茫，远隔万里
I am dying 我生命垂危
Forever crying 永远哭泣

To be near you 向你靠近
Who can say 其中甘苦谁能说
Can you hear me 你可听到我的心声
Through the dark night far away
夜空茫茫，远隔万里
I am dying 我生命垂危
Forever crying 永远哭泣
To be near you 向你靠近
Who can say 其中甘苦谁能说
We are sailing 我们在航行
Home again 'cross the sea
跨越海洋 再次归家
We are sailing stormy waters
我们在暴风中航行
To be near you 向你靠近
To be free 获得自由
Oh Lord 哦，上帝
To be near you 向你靠近
To be free 获得自由

知识胎教：看图识字

把一些笔画简单、容易记忆的字制成颜色鲜艳的卡片，和胎儿一起学一学、读一读。

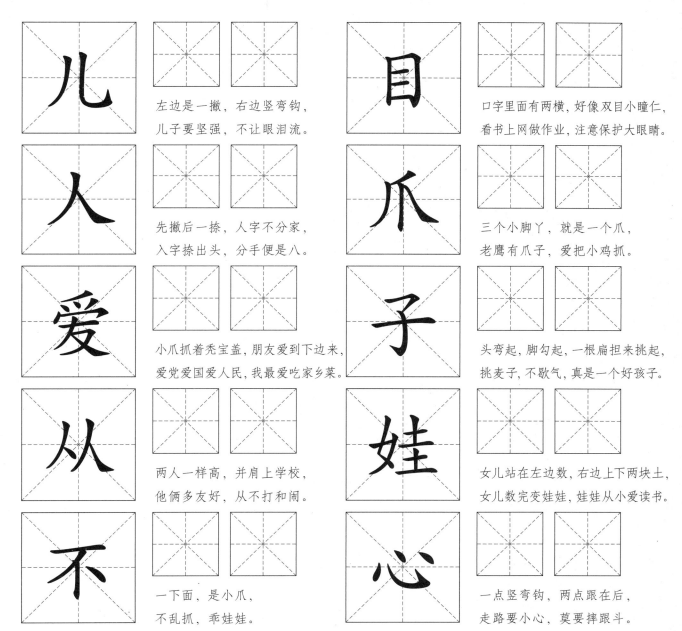

儿
左边是一撇，右边竖弯钩，
儿子要坚强，不让眼泪流。

人
先撇后一捺，人字不分家，
入字捺出头，分手便是八。

爱
小爪抓着秃宝盖，朋友爱到下边来，
爱党爱国爱人民，我最爱吃家乡菜。

从
两人一样高，并肩上学校，
他俩多友好，从不打和闹。

不
一下面，是小爪，
不乱抓，乖娃娃。

目
口字里面有两横，好像双目小瞳仁，
看书上网做作业，注意保护大眼睛。

爪
三个小脚丫，就是一个爪，
老鹰有爪子，爱把小鸡抓。

子
头弯起，脚勾起，一根扁担来挑起，
挑麦子，不歇气，真是一个好孩子。

娃
女儿站在左边数，右边上下两块土，
女儿数完变娃娃，娃娃从小爱读书。

心
一点竖弯钩，两点跟在后，
走路要小心，莫要摔跟斗。

情绪胎教：避免产前抑郁

临近预产期，准爸爸应该抽出更多的时间陪在妻子身边，给她更多的信心和勇气，让孕妈妈远离产前焦虑。

产前焦虑来袭

由于临近预产期，孕妈妈对分娩的恐惧、焦虑或不安会加重，对分娩"谈虎色变"。有些孕妈妈对临产时如何应对，如有临产先兆，会不会来不及到医院等问题过于担心，因而稍有"风吹草动"就赶到医院，甚至在尚未临产、无任何异常的情况下，要求提前住院。

产前抑郁症请走开

做好分娩准备

分娩的准备包括孕晚期的健康检查、心理上的准备和物质上的准备。一切准备的目的都是希望母婴平安，所以，准备的过程也是对孕妈妈的安慰。如果孕妈妈了解到家人及医生为自己做了大量的工作，并且对意外情况也有所考虑，那么，她的心中就应该有底了。

孕晚期以后，特别是临近预产期，丈夫应留在家中，使妻子心中有所依托。

转移注意力

孕晚期，孕妈妈可以适当做一些有利于健康的活动，以此转移注意力，避免出现产前抑郁。

孕妈妈可以选择自己感兴趣的事情，如唱歌、画画、做手工，晚上与丈夫一起散步，倾诉心中的疑虑和不安，获得丈夫的安慰。不要整日因为担心安全问题而闭门在家，独自胡思乱想，整日担心各种莫名的问题，更易导致精神紧张。

本周重要提示

 准备住院用品 ★

一般情况下，分娩日期和预产期有2～3周的差距，所以应该在怀孕第三十周以后就做好分娩准备，以便随时前往医院。住院时所需的用品、婴儿用品、住院中的日常用品、出院用品等，将这些用品统统装入一个大旅行袋里，然后放在孕妈妈或家人都知道的地方。

[需要准备的分娩必备品]	
住院期间孕妈妈所需的物品	保健卡、门诊手册、毛巾、基本化妆品、换洗用品、纯棉内裤若干、内衣、袜子、哺乳用胸罩、产妇专用卫生巾、开襟毛衣等舒适的衣服、出院时要穿的外套、牙膏、牙刷、拖鞋、孕婴书等
住院期间婴儿所需的物品	配方奶粉、奶瓶、尿布、婴儿短上衣
出院时婴儿所需的物品	婴儿睡衣、内衣、毛毯、尿布

第九章

孕九月 进入分娩准备期

第三十三周：能从膀胱中排出尿液了

宫　高　27～33.5厘米。
胎　长　43厘米左右。
胎　重　2千克左右。

胎儿和孕妈妈的变化

胎儿迅速发育

　　羊水量达到了最高峰并将一直维持到分娩，本周胎儿迅速发育，使头围大约增加了9.5毫米。现在胎儿没有多少活动空间了。

腹部又鼓又硬

　　这个时期，腹部的变化特别明显，又鼓又硬，使得肚脐都凸露出来。这时排尿次数会增多，而且有排尿不净的感觉。随着分娩期临近，孕妈妈的性欲也明显下降。在孕晚期，提倡以轻柔的爱抚表达夫妻间的爱意。

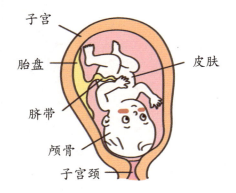

子宫
胎盘
脐带
颅骨
子宫颈
皮肤

营养胎教：营养素补充要加强

本周营养重点

重点补充

铁　　钙

适量补充

综合维生素　　蛋白质

加大钙的摄入量

胎儿体内的钙一半以上都是在怀孕期最后两个月储存的，如果此时摄入的钙量不足，胎儿就会动用母体骨骼中的钙，容易导致孕妈妈发生软骨病。富含钙质的食物有牛奶、虾皮、核桃、南瓜子、鱼松等。

适当增加铁的摄入

现在胎儿的肝脏以每天5毫克的速度储存铁，直到存储量达到540毫克。若铁的摄入量不足，就会影响胎儿体内铁的存储，出生后易患缺铁性贫血。动物肝脏、黑木耳、芝麻等含有丰富的铁。

每日脂类摄入量控制在60克

此时，胎儿大脑中的某些部分还没有发育成熟，孕妈妈需要适量补充脂类，尤其是植物油。每天摄入的总脂量应为60克左右。

膳食纤维不可少

孕晚期，逐渐增大的胎儿给孕妈妈带来负担，孕妈妈很容易发生便秘。由于便秘，又可能患上内外痔。为了缓解便秘带来的痛苦，孕妈妈应该注意摄取足够量的膳食纤维，以促进肠道蠕动。全麦面包、芹菜、胡萝卜、白薯、土豆、豆芽、菜花等各种新鲜蔬菜和水果中都含有丰富的膳食纤维。孕妈妈还应该适当进行户外运动，并养成每日定时排便的习惯。

一周美味食谱

冬瓜鲤鱼汤

冬瓜200克、鲤鱼1尾、生姜、绍酒、枸杞、植物油、精盐、胡椒粉各适量。

1 将嫩冬瓜去皮、籽切成丝；鲤鱼处理干净；生姜切丝。

2 锅内烧油，投入鲤鱼，用小火煮透，下入姜丝，攒入绍酒，注入适量清汤，煮至汤质发白。

3 加入冬瓜丝、枸杞，调入精盐、胡椒粉，续煮7分钟即可。

炸烹银鱼

银鱼400克，鸡蛋2个，葱末、姜末、精盐、料酒、鸡精、胡椒粉、白糖、辣酱油、淀粉、清汤、植物油各适量。

1. 银鱼洗净，加入精盐、料酒、胡椒粉、鸡精拌匀，腌渍30分钟，再加上鸡蛋液和淀粉调拌均匀，放入油锅内炸呈金黄色，捞出沥油。

2. 取小碗，加入辣酱油、料酒、精盐、白糖、胡椒粉、鸡精和清汤调匀成清汁。

3. 锅中加少许植物油烧热，下入葱末、姜末炝锅，倒入炸好的银鱼，然后烹入清汁炒匀，淋入香油，出锅装盘即成。

香菇烧螺肉

鲜海螺肉250克，净香菇片100克，净青菜心50克，葱段15克，蒜片5克，精盐、酱油、料酒各1/2大匙，白糖2小匙，米醋、水淀粉、清汤各2大匙，熟鸡油少许，植物油500克。

1. 将海螺肉加入精盐、米醋揉搓，用清水冲洗干净，片成两片，表面剞上十字花刀，再切成小块，加入水淀粉拌匀。

2. 锅中加入植物油烧至九成热，放入海螺肉冲炸一下，倒入漏勺沥油。

3. 锅留底油烧热，先下入葱段、蒜片炒香，再加入清汤、白糖、酱油、料酒、精盐炒匀。

4. 放入净香菇片、海螺块、净青菜心，小火烧5分钟，用水淀粉勾芡，淋入熟鸡油，出锅装盘即成。

语言胎教：朗诵《太阳颂》

孕妈妈可以在感到害怕时朗诵泰戈尔的《太阳颂》，这首诗可以使孕妈妈心里充满阳光。

《太阳颂》（节选）　泰戈尔

啊，太阳，我的朋友，
舒展你光的金莲！
举起铮亮的巨钺
劈开饱盈泪水的苦难的乌黑云团！
我知你端坐在莲花中央，
披散的发丝金光闪闪。
催醒万物的梵音
飞自你怀抱的燃烧的琴弦。
今生今世
第一个黎明，你曾吻遍
我纯洁的额际。

你的热吻点燃的光流
在我心海翻涌着灿烂的波涛。
永不平静的火焰
在我的歌里腾跃呼啸。
印着吻痕的我的碧血
在韵律的洪水里旋舞。
如痴似狂的乐音
融合着炽热的情愫
飘向四方。
你的吻也引起心灵无端的啼哭、
莫名的忧伤。

谨向你熊熊的祭火中
我追寻的真理的形象顶礼。
远古的诗人，昏眠的海滨
你吹响驱散黑暗的苇笛
是我的一颗心；
从笛孔袅袅流逸
天空云彩的缤纷、
林中初绽的素馨的芳菲、
岩泉的叮咚。
旋律的跌宕中活力的春水
涨满我周身。

音乐胎教：和胎儿一起唱

音乐对于胎儿的发育有着不可替代的作用，胎儿在大脑发育的过程中，需要音乐这种良性的信号刺激。如果孕妈妈能亲自给胎儿唱歌，胎儿能够从中得到感情上和感觉上的双重满足。所以，孕妈妈在闲暇时间，不妨经常哼唱一些自己喜爱的歌曲，把自己愉快的信息通过歌声传递给胎儿，和胎儿分享自己的喜悦。

如果感到幸福你就拍拍手

趣味胎教：为胎儿制作爱心小手套

步骤1：将裁好的布料相对而放，在位于剪裁线以内0.4厘米的位置对周围进行粗缝。按相同形状和方法制作2块。

针脚距离：
0.2~0.3厘米

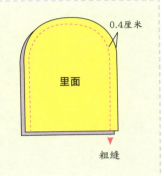

0.4厘米

里面

粗缝

步骤2：在步骤1的基础上，将粗缝的手套翻过来，在距离手套边缘0.5厘米处进行粗缝。

针脚距离：
0.3~0.4厘米

0.5厘米

表面

粗缝

步骤3：将两侧的多余部分向内侧折。

表面

向内折

步骤4：将手套封口处从外面1厘米处进行翻折，然后再折2厘米。

表面　　表面

步骤5：粗缝手套口处。留出1厘米能放松紧带的位置不缝。

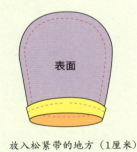

表面

放入松紧带的地方（1厘米）

6.放入松紧带，封口。

放入松紧带的方法：剪一条长14厘米的松紧带，一端插上别针插入留口处，向里推别针的同时，松紧带便也穿了进去。最后，将松紧带的两端叠放在一起进行锁边。

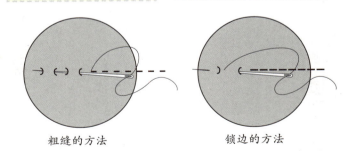

粗缝的方法　　　　锁边的方法

粗缝：针脚和距离都按照同样的长度进行缝制，且前后面针脚的距离也相同。

锁边：缝完一针后，向后错一下再缝下一针，这是针法中最结实的方法之一。

本周重要提示

★ 掌握早产征兆 ★

新生命的降临会给父母带来无限的渴盼和喜悦，然而，有一些宝宝总是迫不及待地提前来到这个世界上，这些提前出生的宝宝，在医学上被称为"早产儿"，早产会给孕妈妈及宝宝带来一定生命危险，因此大家对早产的征兆要有所了解。

子宫收缩

子宫收缩是早产的典型征兆。在怀孕29～36周时，如果出现有规律的子宫收缩，而且频率也很高的话，就可能预示着孕妈妈有早产的危险。子宫收缩会造成胎儿的头部压迫孕妈妈的直肠，出现强烈的便意感觉，而当阴道中有不正常的分泌物或者出现出血的情况时，就要及时就诊。但是在怀孕中晚期，孕妈妈在体位变化或行路走急的时候，会出现无规律的子宫收缩，而且收缩的频率也不是很高，这种情况医学上称为假宫缩，孕妈妈不必太过于担心。

持续阵痛

在怀孕29～36周时，子宫收缩频率为每10分钟两次以上，孕妈妈会开始感觉到酸痛，有点类似月经来临般的腹痛，不止下腹部不舒服，还会痛到腹股沟，甚至有持续性下背酸痛，严重时还会伴随阴道分泌物增加及阴道出血。如果子宫颈的扩张比初次检查时超过1厘米，应该就是早产的阵痛，这时应立即去医院就诊。

羊水流出

孕晚期，如果阴道中有一股温水样的液体无法控制地慢慢流出，就是早期破水，这是早产的征兆。一般情况下是破水后阵痛马上开始，此时需要把孕妈妈的臀部垫高，最好让她平卧，马上送往医院。

下腹变硬

孕晚期，随着子宫的胀大，可能会出现不规则的子宫收缩，这时一般不会伴随有阵痛，经常在夜间出现得比较频繁，在白天很少出现，这种现象在医学上被称作生理性宫缩，不会发生早产的情况。如果孕妈妈的下腹部反复变软、变硬，且肌肉也有变硬、发胀的感觉，至少每10分钟有1～2次宫缩，每次持续30秒以上，而且伴随着持续阵痛，这种现象就是先兆早产，这时孕妈妈应尽早到医院检查。

阴道流血

孕期阴道出血的原因很多，少量出血可能是流产的先兆，孕妈妈在怀孕初期和中期要特别注意，有时宫颈炎症、前置胎盘及胎盘早剥也会出现阴道出血的现象。如果在孕晚期，孕妈妈出现子宫有规律收缩，并伴随阴道流血，这时出血量较多，很可能是早产的征兆，应立即去医院检查。

第三十四周：头部开始朝向子宫

宫　高　27.5厘米。
胎　长　44厘米左右。
胎　重　2.28千克左右。

胎儿和孕妈妈的变化

形成了免疫系统

胎儿的免疫系统正在发育，以抵御轻微的感染。胎儿现在太大了，已经不能漂浮在羊水里了，他的运动较以前重大而缓慢。

出现手脚肿胀

每次产前检查都要测量血压和化验尿液。孕妈妈可能注意到手上的戒指紧了，或者手脚肿胀，这是因为液体积留所致，但如果紧身的衣服限制了血液流动，情况会变得更糟。

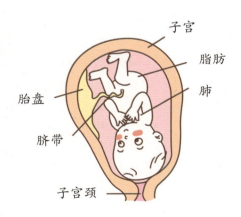

营养胎教：饮食调理防治便秘

本周营养重点

重点补充

钙　　铁

适量补充

综合维生素　膳食纤维

防治便秘的食物

食物名称	功效
玉米	玉米是粗粮中的保健佳品。其膳食纤维含量很高，能刺激胃肠蠕动，加速粪便排泄，对妊娠便秘大有好处。玉米还具有利尿、降压、增强新陈代谢、细致皮肤等功效
黄豆	黄豆的营养价值很高，又被称为"豆中之王""田中之肉"，它含有非常优质的蛋白质和丰富的膳食纤维，有利于胎儿的发育，并促进孕妈妈的新陈代谢。同时，丰富优质的膳食纤维能通肠利便，利于改善便秘症状
草莓	草莓营养丰富，其含有多种人体所必需的维生素、矿物质、蛋白质、有机酸、果胶等营养物质，其中的胡萝卜素有明目养肝的功效。最主要的是其所含果胶和膳食纤维可以助消化、通大便，对胃肠不适有滋补调理作用
地瓜	地瓜富含利于胎儿发育的多种营养成分，同时其所含的食物纤维能有效刺激消化液分泌和胃肠蠕动，促进通便
酸奶	酸奶富有营养，含有新鲜牛奶的全部营养，其中的乳酸、醋酸等有机酸，能刺激胃分泌，抑制有害菌生长，清理肠道

多补充水分

体内水分不充足，粪便就无法形成，粪便太少，就无法刺激直肠产生收缩，也就不会产生便意，所以，补充水分是减轻便秘症状的重要方法。每日至少喝1 000毫升水。

安排合理饮食

禁辛辣食物，多吃含纤维多的食物，如芹菜、萝卜、香蕉、蜂蜜、豆类等。

清汤慈笋

鲜慈笋400克，桑叶、精盐、胡椒粉、料酒各适量。

1 鲜慈笋切下老根，剥去壳，削去内皮，切成极薄的片；桑叶洗净。

2 将鲜慈笋片倒入锅内，加入桑叶、清水煮一会儿，捞在凉水内，拣出桑叶。

3 烧开清汤，加入精盐、胡椒粉、料酒调好味，下入笋片，烧开撇去浮沫即可。

苦瓜酸菜猪骨汤

苦瓜1根，猪软骨200克，酸菜150克，黄豆芽100克，生姜3片，精盐1小匙，胡椒粉1/2小匙。

1 苦瓜洗净，剖开去籽，切块，用清水冲一下去苦味。酸菜、黄豆芽分别用清水洗净。

2 猪软骨剁成小块，放入沸水中氽烫5分钟，去净血水，捞出投凉。

3 汤锅中倒入足量清水煮沸，加入猪软骨、苦瓜、酸菜、黄豆芽、姜片，中火煮40分钟，出锅前加入精盐、胡椒粉调味即可。

语言胎教：经典故事《田螺姑娘》

《田螺姑娘》

从前，有个孤苦伶仃的青年农民，靠给地主种田为生，每天日出耕作，日落回家，辛勤劳动。一天，他在田里捡到一只特别大的田螺，心里很惊奇，也很高兴，把它带回家，放在水缸里，精心用水养着。

有一天，农民照例早上去地里劳动，回家却见到灶上有香喷喷的米饭，厨房里有美味可口的鱼肉蔬菜，茶壶里有烧开的热水，第二天回来又是这样。两天，三天……天天如此，那个农民决定要把事情弄清楚，第二天鸡叫头遍，他像以往一样，扛着锄头下田去劳动，天一亮他就匆匆赶回家，想看一看是哪一位好心人。他大老远就看到自家屋顶的烟囱已炊烟袅袅，他加快脚步，要亲眼看一下究竟是谁在烧火煮饭。可是当他蹑手蹑脚，贴近门缝往里看时，家里毫无动静，走进门，只见桌上饭菜飘香，灶中火仍在烧着，水在锅里沸腾，还没来得及舀起，只是热心的烧饭人不见了。

一天又过去了。农民又起了个大早，鸡叫下地，天没亮就往家里赶。家里的炊烟还未升起，他悄悄靠近篱笆墙，躲在暗处，全神贯注地看着屋里的一切。不一会儿，他终于看到一个年轻美丽的姑娘从水缸里缓缓走出，身上的衣裳并没有因水而有稍微的湿润。姑娘移步到了灶前，就开始烧火做菜煮饭。

年轻人看得真真切切，连忙飞快地跑进门，走到水缸边，一看，自己捡回的大田螺只剩下个空壳。他惊奇地拿着空壳看了又看，然后走到灶前，向正在烧火煮饭的年轻姑娘说道："请问这位姑娘，您从什么地方来？为什么要帮我烧饭？"姑娘没想到他会在这个时候出现，大吃一惊，又听他盘问自己的来历，便不知如何是好。年轻姑娘想回到水缸中，却被挡住了去路。青年农民一再追问，年轻姑娘没有办法，只得把实情告诉了他，她就是田螺姑娘。

青年非常喜欢田螺姑娘，后来他们就结了婚。

音乐胎教：哼唱《摇篮曲》

《摇篮曲》顾名思义是妈妈抚慰宝宝入睡的歌曲，通常旋律轻柔甜美，伴奏的节奏则带有摇篮的摇摆的节奏感。许多大作曲家，如莫扎特、舒伯特、勃拉姆斯都写过摇篮曲。

舒伯特的这首《摇篮曲》是众多摇篮曲中最流行的一首，广为传唱。舒伯特的《摇篮曲》是利用稳定和弦和不稳定和弦的不断交替，来体现摇篮摆动的效果的。这是一首民歌风格的歌曲，音乐充满无限的温存和抚爱。

《摇篮曲》

舒伯特

睡吧，睡吧，我亲爱的宝贝，
妈妈的双手轻轻摇着你。
摇篮摇你，快快安睡，
夜里安静，被里多温暖。
睡吧，睡吧，我亲爱的宝贝，
妈妈的手臂永远保护你。
世上一切，快快安睡，
一切温暖，全都属于你。
睡吧，睡吧，我亲爱的宝贝，
妈妈爱你，妈妈喜欢你。
一束百合，一束玫瑰，
等你醒来，妈妈都给你。
睡吧，睡吧，我亲爱的宝贝，
妈妈爱你，妈妈喜欢你。

美学胎教：名画欣赏《干草车》

推荐孕妈妈欣赏英国画家约翰·康斯太勃尔的名作《干草车》。约翰·康斯太勃尔是英国皇家美术学院院士，19世纪英国最伟大的风景画家。他的作品真实生动地表现了瞬息万变的大自然景色，对后来的浪漫主义绘画有着很大的影响。

这幅《干草车》是康斯太勃尔描绘田园风光的代表作品。他绚丽而浑厚的色彩、抒情诗般的笔触色调和真实的描绘令人陶醉。从深远透明的云层中透现出来的阳光洒在树梢和绿草地上。近景着重描绘农舍和古树及一条小河流，一辆大车正涉水而过，引得小狗狂吠。这幅画中的天空画得极美，透明滋润，不同色彩的云朵像天鹅绒似的在天际飘浮滚动，清澈的河水中映出美丽的天空、古树和房舍，更增添了乡村的恬静，使整个画面充满阳光。

干草车 /（英）约翰·康斯太勃尔

知识胎教：地球的秘密

奇妙的四季变化

地球在绕太阳公转时，也在绕着自身的地轴自转。但地轴并不是垂直的，而是有一个倾斜的角度，正是因为这个倾角使太阳在地球表面的直射点在南、北回归线之间移动，从而形成了春、夏、秋、冬四个季节。

神奇的极光

地球本身是一个大磁场，它的两个磁极在地球的南北极附近。当特别强大的太阳风带着电子流冲向地球磁场时，就会在地球的高空同大气中的气体分子相遇，从而激发出极光。

由于带电电子流同大气层中不同分子的作用，如氧、氮、氖、氩等，就会呈现出不同的颜色，所以就出现了绚丽多彩的极光。有的极光刚出现就消失了，有的会高悬在空中几个小时。

地球上最冷和最热的地方

南极和北极位于地球的两端，太阳光线无法直射，因此两极获得的热量最少，也就使南极和北极成为了地球上最冷的地方。

地球上最热的地方是非洲北部的撒哈拉大沙漠，这里的年平均气温在25℃以上。在撒哈拉大沙漠腹地，白天的温度竟然可以达到70℃以上，因此它成为了地球上最热的地方。

海水是从哪里来的

关于地球上水的来源，科学界目前存在着不同的说法：一种是说地球从原始太阳星云中凝聚出来时，便携带着这部分水；另一种说法认为海水是来自天空中由冰组成的小彗星，这些小彗星进入地球大气层后，就会破裂融化成水蒸气，所以经过数亿年时间的积累，就形成了如今我们看到的辽阔的海洋。

本周重要提示

★ 确定分娩医院 ★

由于选择自然分娩的孕妈妈无法控制胎儿出生的时间，胎儿可能在夜间出生。而有的医院在夜间不提供麻醉服务，所以选择自然分娩的孕妈妈应该在分娩前仔细咨询并做好充足的准备。

选择医院的类型

专科医院：专业妇幼保健院的产科医生每天负责的工作就是从孕期→产期→出院这一系列循环过程，技术实力相对较高，医护人员的操作也更为熟练。并且妇幼保健院的产科病房通常比综合医院的产科病房多，由于是专业的产科医院，所以孕妈妈所得到的饮食和护理照料往往会更适宜。宝宝出生后，可以在妇幼保健院接受按摩抚触，有条件的妇幼保健院还为宝宝专门提供游泳服务。

综合性医院：怎样选择合适的医院，要根据家庭经济实际状况和孕妈妈的身体状况决定。如果孕妈妈在怀孕时伴有异常或出现严重的并发症，可以考虑选择大型综合性医院。这种医院会为孕妈妈提供合理的妊娠指导，会对其进行全面的检查，认真评估并密切注意孕妈妈的病情发展情况。如果孕妈妈一切状况良好，则可以选择妇幼保健院。总之，无论是妇幼保健院还是综合性医院，最好选择2级以上的医院。

选择医院考虑的因素

民族名称	主要分布地区
交通是否便利	如果医院距离家太远也会带来很多不便。分娩时，是否能很方便地抵达医院也是需要考虑的因素，所以，最好能选择附近的医院
对新生儿的护理	在分娩过程中，医院是否提供胎心监护，在宝宝出生后，母子是否同室，是否有新生儿游泳和按摩、抚触等服务，此外，还应注意针对新生儿的检查制度是否完善
能否自主选择分娩方式	当准爸爸带妻子到产科待产时，应进行一次综合检查，然后决定分娩方式。决定后和医生商量意外情况，比如要不要做阴道侧切手术，是不是在夜间提供麻醉服务等
是否提倡母乳喂养	提倡母乳喂养的医院会鼓励妈妈进行母乳喂养，同时还会对妈妈给予相关的指导，教妈妈哺乳的方法和乳房按摩的手法等

第三十五周：手指甲可以覆盖手指尖

宫　高　29.8～34.5厘米。
胎　长　45厘米左右。
胎　重　2.5千克左右。

胎儿和孕妈妈的变化

消化系统基本完善

这时出生的胎儿，99%能存活下来。中枢神经系统正在发育成熟，消化系统基本发育完毕，肺通常也完全发育成熟，如果胎儿在这个时间早产的话，很少会发生呼吸问题。

出现骨盆连接处不适

孕激素、松弛素分泌及胎儿的体重作用会引起骨盆连接部扩张，为分娩做准备。孕妈妈可能会出现骨盆连接部位不舒服的现象。

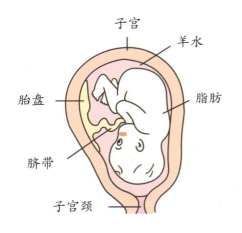

子宫
羊水
胎盘
脂肪
脐带
子宫颈

营养胎教：少食多餐，保证营养均衡

本周营养重点

重点补充

蛋白质

适量补充

综合维生素　铁

给孕妈妈加分的零食

葡萄干

能补气血，利水消肿，其含铁量非常高，可以预防孕期贫血和水肿。

大枣

大枣的营养价值很高。因为它不仅自身含有丰富的维生素C，还能给孕妈妈补充铁，是很好的孕期零食。

酸奶

酸奶含益生菌，可以帮孕妈妈调理肠胃，同时又富含蛋白质，是补充蛋白质很好的来源。

板栗

板栗含有丰富的蛋白质、脂肪、碳水化合物、钙、磷、铁、锌、多种维生素等营养成分，有健脾养胃、补肾强筋、活血止血的功效，还有利于骨盆的发育成熟，并消除孕期的疲劳。

苹果

苹果酸甜香脆，而且还含有构成胎儿骨骼及牙齿所必需的成分，能防治孕妈妈骨质软化症。苹果的香气还可缓解抑郁情绪。

奶酪

奶酪是牛奶"浓缩"成的精华，含有丰富的蛋白质、维生素B群、钙和多种有利于孕妈妈吸收的营养成分。

全麦面包

全麦面包能够增加体内的膳食纤维，还能补充更全面的营养，有便秘问题的孕妈妈可以尝试把它作为零食。

核桃

核桃是一种营养价值非常高的食物，它自身含有丰富的维生素E、亚麻酸以及磷脂。

鸡肉炒三丁

鸡胸脯肉200克，笋、莴笋各1根，青辣椒、鸡蛋各1个，酱油、醋各1小匙，泡辣椒末1大匙，精盐2/5小匙，姜末、蒜泥、葱花、水淀粉各适量，高汤5大匙，植物油500克。

1　鸡蛋取蛋清；鸡胸脯肉切小块，用精盐、蛋清、水淀粉抓匀上浆；笋、莴笋剥去外皮，切丁；青辣椒洗净，去蒂、去籽，切丁。

2　精盐、酱油、醋、高汤、水淀粉调成芡汁。

3　炒锅烧热，加植物油，四成热时放入鸡块滑散，放入笋丁、莴笋丁炸熟，捞出沥油。

4　锅中留少许底油，放入泡辣椒末爆香，再加姜末、蒜泥炒出香味，然后放入鸡肉丁、笋丁、莴笋丁、青椒丁、葱花翻炒均匀，即可。

豆腐干炒鸡粒

五香豆腐干3块，鸡胸脯肉100克，荸荠5个，熟芝麻、松子仁各适量，青辣椒、红辣椒各1个，葱花、姜末、蒜末各适量，精盐1/2小匙，蚝油、酱油各1/2大匙，植物油1大匙。

1　将五香豆腐干切成丁；荸荠去皮洗净，用刀拍碎。鸡胸脯肉切成小丁，加精盐腌制；青辣椒、红辣椒洗净，去蒂、去籽，分别切成小丁。

2　炒锅烧热，加植物油，三成热时放入鸡丁炒散，再放入五香豆腐干、葱花、姜末、蒜末用中火翻炒，待五香豆腐干炒透后，加入荸荠翻炒，加入精盐、蚝油、酱油调味，炒匀后撒入芝麻、松仁即可。

语言胎教：《论孩子》

请孕妈妈带着一颗纯净的心给腹中的胎儿阅读文章吧！用饱含深情的语言，用温柔美妙的声音让胎儿聆听妈妈的声音。

《论孩子》

卡里·纪伯伦

你们的孩子，都不是你们的孩子，
乃是生命为自己所渴望的儿女。
他们是借你们而来，却不是从你们而来，
他们虽和你们同在，却不属于你们。
你们可以给他们以爱，却不可给他们以思想，
因为他们有自己的思想。
你们可以荫庇他们的身体，却不能荫庇他们的灵魂，
因为他们的灵魂，是住在"明日"的宅中，

那是你们在梦中也不能相见的。
你们可以努力去模仿他们，却不能使他们来像你们，
因为生命是不倒行的，也不与"昨日"一同停留。
你们是弓，你们的孩子是从弦上发出的生命的箭矢，
那射者在无穷之中看定目标，也用神力将你们引满，
使他的箭矢迅疾而遥远地射了出去。
让你们在射者手中的"弯曲"成为喜乐吧；
因为他爱那飞出的箭，也爱了那静止的弓。

音乐胎教：唱一首儿歌

当胎儿听到好的音乐时也会感到幸福。对于胎儿来说，除了妈妈的声音以外，最好听的声音就是音乐。孕妈妈听音乐的时间最好控制在半小时左右，尽量选择一些舒缓的曲子，并且声音不能太大。

《小兔子乖乖》

小兔子乖乖，把门儿开开，
小兔子乖乖，把门儿开开，
快点儿开开，我要进来，
快点儿开开，我要进来，
不开不开，我不开，
就开就开，我就开，
妈妈不回来，谁来也不开。
妈妈回来了，我就把门开。

美学胎教：名画欣赏《农民的婚礼》

一看到这幅名画的名字——《农民的婚礼》，孕妈妈是不是马上就感觉到心里暖暖的，回想起自己的婚礼，那种甜蜜而又幸福的感觉必定油然而生。

看看彼得·勃鲁盖尔的这幅《农民的婚礼》，再次感受一下农民结婚时大摆喜筵的热闹场面。

孕妈妈可以先回忆一下自己的婚礼宴会上那种热闹、喜庆的场面，尽可能地将感觉充分地调动起来，再看看在这幅画，感受一下婚礼的气氛。

对于婚礼来说，新娘和新郎是主角。在这幅画中，墙上的一席绿色帘布让我们发现了这场婚宴的主角——新娘。新娘满意地坐在一个纸糊的花冠下方，头上也戴了"宝冠"。即使坐在后排，也让人们一眼辨认出她的特殊身份。新娘幸福地闭着眼睛，双手交叠在一起，似乎脱离了喧闹的环境，独自陶醉在对婚姻的冥想和期待里。红扑扑的脸蛋并不漂亮，可是自有幸福的笑容挂在嘴角上。

欣赏完《农民的婚礼》这幅画，孕妈妈一定感觉非常开心，特别是看到坐在地上戴着红帽子的小孩在吮吸手指的时候，孕妈妈也许在想：我的宝宝一定也像他一样调皮、可爱。

农民的婚礼／（荷兰）彼得·勃鲁盖尔

本周重要提示

分娩会很疼，但孕妈妈越害怕疼痛，这种担心和紧张越会导致肌肉的紧张和拉扯力量的加剧，反过来又加重疼痛。所以要学会放松，正确地看待分娩疼痛，有助于缓解紧张的情绪，从而缓解疼痛。

分娩疼痛表现不一

分娩只是一个生理过程，孕妈妈在临盆时，体内支配子宫的神经感觉纤维数目已很少了，一般不会产生强烈的痛觉。客观地说，分娩是有痛觉的，因为在分娩过程中，会牵扯子宫邻近的某些组织器官，产生局部痛感。体力劳动者平时活动量大，分娩时比较顺利，痛感也相应较轻。脑力劳动者，或平时活动少的孕妈妈，常常因极度紧张和恐惧而加剧疼痛感。

妈妈疼痛，宝宝获益

1.分娩过程中子宫的收缩，能使胎儿肺部得到锻炼，使表面活性剂增加，肺泡易于扩张，出生后不易患呼吸系统疾病。

2.子宫的收缩及产道的挤压作用，使胎儿呼吸道内的羊水和黏液排挤出来，新生儿窒息及新生儿肺炎发生率大大降低。

3.胎儿经过产道时，胎儿头部受到挤压，头部充血，可提高脑部呼吸中枢的兴奋性，有利于新生儿出生后迅速建立正常呼吸。

需要疼痛多长时间

顺利分娩的过程就是孕妈妈的产力、产道与胎儿身体的径线相互适应的过程。既然是相互适应，就需要有一定的时间，长时间的疼痛是必需的，只有经过了长时间的疼痛，才能使产道的大门慢慢"打开"，使胎儿轻松地通过。一般来说，初产妇的宝宝通过妈妈的产道一般需要12～16小时，而经产妇则只需要8～12个小时。

疼痛的时间过短和强度过弱，容易造成孕妈妈产道的严重撕裂，发生大出血、新生儿颅内出血及产伤，又会造成孕妈妈疲劳、乏力，使产程时间过长，器械助产率增加，新生儿窒息率、新生儿产伤率都会有所增加。因此，正常的分娩不可能在短时间内完成。

第三十六周：胎儿的器官发育成熟

孕妈妈 经常会便秘。
胎　长 46厘米左右。
胎　重 2.8千克左右。

胎儿和孕妈妈的变化

胎动次数减少

　　子宫的空间越来越小，现在孕妈妈肯定注意到了胎儿的运动发生了变化。因为受到限制，他四处扭动的次数减少，但运动通常更有力、更明显。

产检更加频繁

　　从现在直到分娩为止，最好每周做一次产前检查。这些检查包括B型链球菌抗体检测。孕妈妈发现睡觉时做梦增多，而且梦境都非常生动。

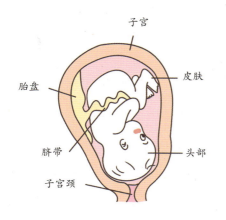

子宫

胎盘

皮肤

脐带

头部

子宫颈

营养胎教：适当加餐，保证营养总量

本周营养重点

重点补充

综合维生素

适量补充

钙

铁

补充综合维生素

　　进入本周，孕妈妈的胃部仍会有挤压感，所以每餐可能进食不多。不能充分摄取维生素和足够的铁、钙，这时可以适当加餐，以保证营养的总量。

　　孕36周里，必须补充维生素和足够的铁、钙，充足的水溶性维生素，以维生素B_1最为重要。此时如果维生素B_1不足，易引起呕吐、倦怠、体乏，还可影响分娩时子宫收缩，使产程延长，分娩困难。另外，胎儿肝脏以每天5毫克的速度储存铁，直到存储量可达300～400毫克。此时铁摄入不足，可影响胎儿体内铁的存储，出生后易患缺铁性贫血。妊娠全过程都需要补充钙，但胎儿体内的钙一半以上是在怀孕期最后两个月储存的。如9个孕月里钙的摄入量不足，胎儿就要动用母体骨骼中的钙，致使孕妈妈发生软骨病。

　　此外在孕36周，要继续控制盐的摄取量，以减轻水肿的不适。由于孕妈妈的胃部容纳食物的空间不多，所以不要一次性地大量饮水，以免影响进食。

每日膳食构成

食物种类	食用量
米、面主粮	350～450克
鸡蛋	1～2只
禽、畜、鱼肉	200克
动物肝脏	50克
豆类及制品	50～100克
新鲜蔬菜	500～750克
时令水果	100克
乳类	250～500克
植物油	30克

一周美味食谱

鲜奶玉米笋

鲜奶100克，玉米笋5个，植物油、白糖、盐、水淀粉、鸡精各适量。

1 把每个玉米笋切半，放入热水锅内略烫捞出，控干水分。

2 锅置火上，烧热加植物油，油热后放入面粉炒开，添少许汤，加入鲜牛奶、白糖、盐、鸡精及烫好的玉米笋，用小火烧至入味后，用水淀粉勾芡，芡熟时淋入奶油，出锅装盘即成。

炝金针菇

金针菇250克，香菜10克，精盐1/2小匙，白糖、白醋各少许，葱油2小匙，葱花适量。

1 将金针菇用清水冲洗干净，剪去根部，用沸水焯软，捞起冲凉。香菜洗净，去根，切成末。

2 将金针菇放入盘中，加葱花、香菜末、精盐、白糖、白醋、葱油拌匀入味即可。

翠瓜小菜

绿苦瓜半条，芥末酱1小匙，色拉酱5匙，糖1匙，海鲜酱油1匙。

1 苦瓜洗净对剖两半，去籽，再切对半，用锋利的小刀去净白色内瓢。

2 将苦瓜斜切薄片，泡入加盐的冷开水中，放入冰箱冷藏至呈透明状。

3 取出，完全沥干水分装盘，调味料与色拉酱和匀，蘸佐料食用。

语言胎教：睡前故事《小猴子照镜子》

《小猴子照镜子》

今天，森林学校开学了，小动物都打扮得整整齐齐去上学。小兔子跑呀跑地上学了；小松鼠跳呀跳地上学了；小狗熊淌着汗赶着上学去了。小猴子也背上书包，高高兴兴地上学去了，路上还和小蝴蝶玩捉迷藏哩！唉，小猴子发觉人家都上学去了，才半跑半跳地赶到学校……

到了教室，长颈鹿老师已经在上课了。老师温和地说："小猴子，怎么迟到了？快到座位上去吧。"小猴子一下坐到桌子上去了。

老师又温和地说："小猴子，看其他小朋友是坐在哪里的？"小猴子看见别人都坐在椅子上，只好乖乖地回到座位上去。长颈鹿老师叫小朋友把双手放在膝盖上，可是小猴子只顾玩自己的玩具。长颈鹿老师仍然温和地说："小猴子，看看周围的小朋友双手放在哪里？"小猴子只好放下玩具，把双手放在膝盖上。

长颈鹿老师讲完了一个好听的故事，大家唱了歌，又玩了游戏，然后老师让大家伏在桌上，闭上眼睛休息一下。

小兔子第一个伏在桌上，闭上眼睛；小猴子东张西望，不愿伏在桌上。长颈鹿老师再次温和地说："小猴子，看看别人怎样做？"小猴子突然大声哭起来。

长颈鹿老师拿了个镜子给小猴子。镜子里出现一个丑八怪，眼睛斜斜、嘴巴歪歪、鼻子扁扁，多难看！小猴子不愿看。

一会儿，长颈鹿老师叫小猴子笑笑，咦？真奇怪，丑的不见了，只见眼睛咪咪、嘴巴咧咧、鼻子圆圆，好可爱的小猴子！

小猴子想看清楚，老师不给了，急得小猴子直叫！老师又把镜子放在小猴子的面前。老师叫小猴子对镜子再笑笑，小猴子一笑，镜子里小猴子也笑了。小猴子可乐了，手舞足蹈，镜子里那只小猴子也乐得手舞足蹈。

长颈鹿老师微笑着告诉小猴子："镜子里面的正是你自己。你哭，样子就丑了；你笑，样子就可爱了。"老师又说："如果想谁都喜欢你，就要乖，要不，连自己都不喜欢自己啦！"小猴子乖乖地和其他小朋友一样，伏在桌上闭上眼睛，睡着了。

镜子里的小猴子也闭上眼睛，睡着了。

音乐胎教：和胎儿在音乐中跳舞

准爸爸和妻子一起进行胎教效果最好。如果夫妻一起来欣赏胎教音乐的话，不仅对胎儿有益，还会增进夫妻之间的幸福感。选择胎教音乐时，最好是夫妻一起去选。夫妻在一起聆听胎教音乐的时候，如果可以，丈夫最好一边照顾怀孕的妻子，一边爱抚妻子腹中的胎儿，保持这样温馨的气氛，胎教效果会更好。

《两只老虎》

两只老虎 两只老虎，跑得快 跑得快！

一只没有耳朵，一只没有尾巴，真奇怪，真奇怪！

美学胎教：名画欣赏《三月》

推荐孕妈妈欣赏俄国著名画家列维坦的名作《三月》。列维坦是俄国杰出的写生画家，现实主义风景画大师。列维坦的作品极富诗意，深刻而真实地表现了俄罗斯大自然的特点与多方面的优美。

三月/（俄）伊萨克·列维坦

这是一幅俄罗斯农村平凡的初春景色。画面上，积雪消融，土地渐渐苏醒过来，散发着蕴藏了整整一个冬季的醇厚气息。不落叶的乔木带着沉郁的绿色，落叶乔木则在枝头泛起点点春意。画面右侧那只露出小小一点的房屋，是全画的点睛之笔，那种柠檬黄，让人心中充满温暖。瞧，连那匹马似乎也为这种柠檬黄而感动，双眼温柔地凝视着房屋，那双眼睛曾看尽了一整个寒冬。

本周重要提示

⭐ 列一张宝宝专属物品清单 ⭐

　　文中所列举的用品只能作为参考，孕妈妈不必每样都备齐，只要选择需要用的来准备就行。

物品	要求	数量
喂养用品	奶嘴、奶瓶	各2个
	奶瓶刷	1个
	奶粉	1罐
衣着用品	纯棉衬衣	3件
	纯棉连袜裤	2件
	棉衣	2件
	纯棉袜子	2双
尿布	传统尿布（可用浅色旧棉布做）	15块
	纸尿裤	共15块
床及床上用品	可移动、栅栏较高的小床	1张
	被子、褥子（不要太厚）	各2床
	毛巾被、小棉垫	各1条
洗浴用品	澡盆、脸盆	各1个
	大浴巾	1条
	小方毛巾	3条
	胎儿香皂	3块
	痱子粉	1盒
药品和医疗器械	5%酒精、2%碘酒（处理脐部及一般伤口）	各1小瓶
	消毒纱布	1盒
	绷带	5～10块
	消毒棉签	1卷
	体温表	1支
	镊子（用以钳棉花和奶瓶）	2把

第十章

孕十月 和胎儿一起加油

第三十七周：胎儿形成免疫能力

孕妈妈 血压会升高。
胎　长 52厘米左右。
胎　重 3千克左右。

胎儿和孕妈妈的变化

胎儿足月了

现在胎儿随时可以出生。如三维超声扫描所示，胎儿看起来像个新生儿。如果胎儿是臀先露，医生现在可能会使用体外胎位倒转术。

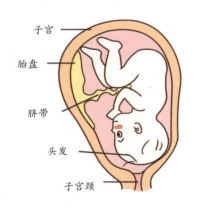

子宫
胎盘
脐带
头发
子宫颈

出现不规则阵痛

随着预产期的临近，孕妈妈下腹部经常出现收缩或疼痛，甚至会产生阵痛的错觉。疼痛不规则时，这种疼痛并非阵痛，而是身体为适应分娩时的阵痛而出现的正常现象。

营养胎教：重点补充的营养素

本周营养重点

重点补充		
维生素D	铁	钙

适量补充
锌

补锌助顺产

很多孕妈妈不了解锌有一个更为重要的作用，那就是分娩方式与其孕期的饮食中锌含量有关。换句话说，孕妈妈每天摄取的锌越多，其顺产的机会越大，反之，孕妈妈剖宫产或借助产钳的机会就会增加。

对于大多数孕妈妈来说，通过食物补充锌是最有效，也是最安全的。因此，孕妈妈在日常饮食中一定要注意补充锌元素。

孕妈妈可以经常吃些动物肝脏、肉、蛋、鱼以及粗粮、干豆，这些都是含锌比较丰富的食物。另外，像核桃、瓜子、花生都是含锌较多的小零食，每天最好都吃些，这样能起到较好的补锌作用。

还有一种水果是补充锌非常好的来源。那就是苹果，它不仅富含锌等微量元素，还富含脂质、碳水化合物、多种维生素等营养成分，尤其是细纤维含量高，有助于胎儿大脑皮层边缘部海马区的发育，同时也对胎儿后天的记忆力有帮助。

孕妈妈每天吃1~2个苹果就可以满足锌的需要量。还有一点孕妈妈需要注意：要尽量少吃或不吃过于精致的米、面，因为小麦磨去了麦芽和麦麸，成为精面粉时，锌已大量损失，只剩下五分之一了。

限制碳水化合物的摄入量

如果孕妈妈碳水化合物摄取不足，可能导致蛋白质缺乏或酮症酸中毒。不过，孕37周开始必须稍加限制碳水化合物的摄入，以免胎儿过大。

现在，孕妈妈要吃一些有补益作用的膳食，可以更好地蓄积能量，迎接宝宝的到来。还可以吃一些淡水鱼，有促进乳汁分泌的作用，为宝宝准备营养充足的初乳。

顺产的饮食原则

想要顺产，总的饮食原则就是合理营养，控制体重。孕妈妈都很重视饮食营养，如果暴饮暴食，不注意控制体重，营养补充过多、脂肪摄入过多就会造成腹中胎儿发育过大，分娩时就不容易顺利通过产道。

胎儿的体重如果超过4千克，就被医学上称为巨大儿，孕妈妈的难产率就会大大增加。如果在分娩前的检查中医生预测胎儿体重超过4千克，一般就会建议孕妈妈以剖宫产方式分娩。

黄豆莲藕炖牛肉

牛肉400克，莲藕、胡萝卜各1根，黄豆50克，精盐适量。

1 将牛肉洗净，切成块，用沸水焯去血水，捞出控水；莲藕削去外皮，洗净，切成滚刀块；胡萝卜洗净，去皮，切成滚刀块；黄豆洗净，放入清水中泡至发胀。

2 汤锅中加入清水烧沸，放入牛肉块、莲藕块、胡萝卜块、黄豆，大火煮沸后转小火炖1小时至牛肉熟烂，出锅前加精盐调味即可。

香菇炒栗子

香菇50克，生栗子6个，葱花、姜末、蒜末各适量，精盐1/2小匙，蚝油1小匙，植物油1大匙。

1 香菇用清水洗净，切成块。栗子蒸熟，剥去外皮，栗子肉用刀切成两半。

2 将香菇和栗子分别用沸水焯一下，捞出控水。

3 炒锅烧热，加植物油，六七成热时放入葱花、姜末、蒜末爆香，放入香菇、栗子，再放入青辣椒丝、红辣椒丝、精盐、蚝油翻炒均匀入味即可。

语言胎教：现代诗《雪花的快乐》

《雪花的快乐》是一首纯诗。在这里，现实的"我"被彻底抽空，雪花代替"我"出场，那雪花在半空中"翩翩"的"潇洒"，"娟娟地飞舞"，直奔向"清幽的住处"，会见"花园"里的"她"，直到溶入"她柔波似的心胸"。诗人以"雪花"自比，运用了借代的手法，以那潇洒飞扬的雪花为意象，"她"是诗人想象中的情人，更是升华了的神圣的爱情，巧妙地传达了诗人执著追求爱情和美好理想的心声。但这是被诗人意念填充的雪花，被灵魂穿着的雪花。

《雪花的快乐》

假如我是一朵雪花，
翩翩的在半空里潇洒，
我一定认清我的方向——
飞扬，飞扬，飞扬，——
这地面上有我的方向。
不去那冷寞的幽谷，
不去那凄清的山麓，
也不上荒街去惆怅——
飞扬，飞扬，飞扬，——
你看，我有我的方向！

在半空里娟娟的飞舞，
认明了那清幽的住处，
等着她来花园里探望——
飞扬，飞扬，飞扬，——
啊，她身上有朱砂梅的清香！
那时我凭借我的身轻，
盈盈的，沾住了她的衣襟，
贴近她柔波似的心胸——
消溶，消溶，消溶——
溶入了她柔波似的心胸！

音乐胎教：聆听《渔舟唱晚》

古筝独奏曲《渔舟唱晚》是一首著名的北派筝曲。《渔舟唱晚》的曲名取自唐代诗人王勃在《滕王阁序》里："渔舟唱晚，响穷彭蠡之滨"中的"渔舟唱晚"四个字。《渔舟唱晚》形象地描绘了夕阳西下，晚霞斑斓，渔歌四起，渔夫满载着丰收喜悦的欢乐情景，表现了作者对祖国美丽河山的赞美和热爱。

第一段悠扬如歌、平稳流畅的抒情乐段，配合左手的揉、吟等演奏技巧，展示了优美的湖光山色：渐渐西沉的夕阳，缓缓移动的帆影，轻轻歌唱的渔民……给人以"唱晚"之意，抒发了作者内心的感受和对景色的赞赏。

第二段旋律从前一段音乐发展而来，从全曲来看，"徵"音是旋律的中心音，这段音乐形象地表现了渔夫荡桨归舟、乘风破浪前进的欢乐情绪。

第三段在旋律的进行中，运用了一连串的音型模进和变奏手法。形象地刻画了荡桨声、摇橹声和浪花飞溅声。随着音乐的发展，速度渐次加快，力度不断增强，加之突出运用了古筝特有的各种按滑叠用的催板奏法，展现出渔舟近岸、渔歌飞扬的热烈景象。

趣味胎教：动手做折纸——天鹅

　　天鹅的翅膀和头部、尾部折叠的时候要认真压实，看起来会更加活灵活现。

步骤3：沿虚线向箭头方向对折。

步骤1：准备一张正方形纸，先折出双菱形。

步骤5：先沿实线往上折，再沿虚线向箭头方向下折，背面也一样。

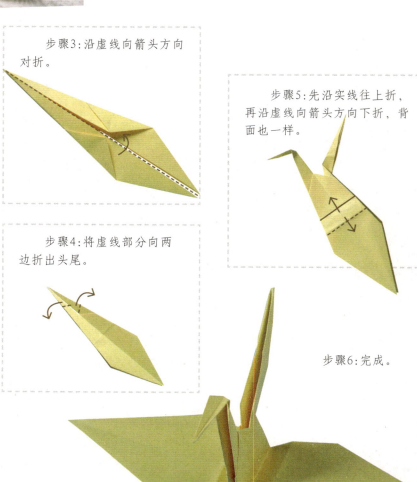

步骤4：将虚线部分向两边折出头尾。

步骤2：沿虚线向箭头方向翻折。

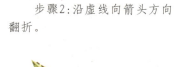

步骤6：完成。

情绪胎教：深呼吸训练，平复心绪

好的呼吸方法不仅给胎儿提供足量的新鲜空气，更可帮助孕妈妈在分娩过程中正确用力，保证分娩的顺利进行。因此孕妈妈需要掌握正确的呼吸方法。

吹气球

平时可以准备一些气球，没事的时候用力吹气球，直到感觉肺部的空气全部被呼出，然后持续几秒钟，再用鼻子做深呼吸。

做饭时保持呼吸节奏

当做一些费力的家务时，采用腹式呼吸：吸气，鼓肚子；呼气，吸肚子，然后再呼气。

散步放松

以放松短小的步伐向前迈，一定要以一个感到舒适的调子进行，手臂自然放在身体两侧，可以利用这种散步的方法训练用鼻子深呼吸，然后用口呼气。

如果能在海边或绿荫下进行这种散步就更好不过了。孕妈妈可以尝试一种轻松简单的散步方法。

间隔式散步法：首先进行一个10分钟的放松热身散步，然后以中速慢走1分钟，最后快速走2分钟。行走的过程中要保持抬头，肩膀放平，手肘弯曲放在身体两侧。两臂在行走的过程中应该摆动起来保持身体的平衡，重复这种散步方法6次，最后进行放松慢走5分钟。

抬起手臂，再放下

在散步的时候，将手臂平举到与肩同高，然后按照呼吸的节奏将手臂向上抬20厘米，再放下。

运动训练法

双脚分开站立与臀部同宽，右脚向侧面跨一大步，然后是左脚，将手放在臀部上保持平衡，在同一方向重复15秒，然后换方向重复。

本周重要提示

★ 准备待产包 ★

种类	用品	数量	准备完毕
妈妈用品	哺乳式文胸	2~3件	
	开襟睡衣、外衣	各1套	
	防溢乳垫	1盒	
	灭缚带	1条	
	内裤	3~5条	
	吸奶器	1个	
	毛巾	3条	
	纱布、卫生纸	若干	
	产妇卫生巾	1包	
	水盆	2个	
	牙具、餐具	各1套	
	护肤品	1套	
宝宝用品	包被	1条	
	宝宝衣服	2套	
	围嘴	2个	
	奶粉	1袋	
	奶瓶	1个	
	奶瓶消毒器	1套	
	纸尿裤、宝宝专用湿巾	各1包	
	护臀霜	1支	

物品	要求	备注
营养食物	巧克力	增加产力
	水	以免发生脱水现象
其他物品	证件	医保卡、病历卡、母子健康手册
	笔、本	记录胎动、阵痛等情况，也可以写下自己的心情
	照相机或摄像机记录	妈妈和宝宝的美好瞬间

第三十八周：怀孕最后的定期检查

孕妈妈 会经历假阵痛收缩。
胎 长 53厘米左右。
胎 重 3.2千克左右。

胎儿和孕妈妈的变化

随时准备出生

胎儿发育成熟，已经做好了出生的准备。胎盘开始老化，给胎儿提供必需品的角色正在结束使命。它转运营养物质的效率降低，开始出现血块和钙化斑。

缓解分娩前的焦虑

在孕晚期，分娩来临的焦虑、睡眠不足、渴望结束怀孕等多种情绪混杂到一起，使孕妈妈陷入抑郁。如果有这种感觉，要将感受告诉医生，尽量停止工作。

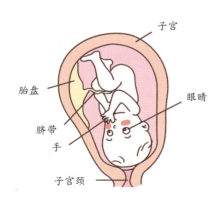

营养胎教：蓄积能量

本周营养重点

重点补充	适量补充
蛋白质　膳食纤维	综合维生素

吃容易消化的食物

孕10月的时候，尽量多吃一些东西。进食的时候要吃容易消化的，如面条鸡蛋汤、牛奶、酸奶、巧克力等，不吃油性大的食物。孕妈妈要吃饱吃好，这样才能为分娩准备足够的能量。

这些食物要多吃

只有母体的膀胱功能完善，才能分娩出骨骼和身体各器官健全的宝宝，因此要多食用能强化膀胱功能的食品。海藻和益母草都具有此功效。准备喂养母乳的孕妈妈应从这个时期开始比平时多摄取40毫克左右的维生素。多食用大白菜、辣椒、菠菜、生菜、橘子等食物。

如何根据产程安排饮食

产程是指妇女生产分娩婴儿的全过程。分娩的过程分为3个产程。

第一产程：在整个分娩过程中所占的时间最长。虽然阵痛会影响到正常进食，但为了保证体力，孕妈妈应吃些蛋糕、稀饭、烂糊面等柔软、清淡且易消化的食物，应多次进食，每次不宜吃太多。

第二产程：孕妈妈可喝些糖水、果汁、菜汤、牛奶、藕粉等，以补充能量。这个阶段，鼓励吃一些高热量的流食或半流食。

第三产程：通常时间较短，不必勉强进食。若出现产程延长的现象，应给孕妈妈喝些糖水、果汁。

一周美味食谱

红烧大虾

大虾500克，生抽2匙，白糖1匙，大蒜4瓣，水适量。

1 将虾洗净后，剪去虾枪，沥干水后备用。

2 锅中放油，四成热后放入大蒜爆锅，至蒜瓣呈金黄色，倒入大虾爆炒半分钟。

3 放入生抽、白糖炒匀，倒入没及一半虾身的水，盖盖儿煮开后，再煮两分钟即可。

凉拌双花

菜花200克、西蓝花200克、精盐、鸡精、海鲜酱油、植物油各适量。

1 将菜花和西蓝花洗净撕成小朵。

2 把菜花和西蓝花在开水中焯一下，过一下凉开水，沥干水分，添加精盐、鸡精和海鲜酱油拌匀。

3 起油锅，烧热植物油，趁热浇在拌好的双花上。

清香小炒

南瓜1/2，莴笋1棵，干木耳20克，油菜2棵，葱花、姜末各适量，精盐、料酒各1小匙，植物油1大匙。

1 将南瓜洗净，去瓤，切成片。莴笋剥去外壳，洗净，切片。木耳用清水泡发，撕成小朵。油菜洗净，掰开。

2 将南瓜片、莴笋片、木耳、油菜分别用沸水焯一下，捞出控水。

3 炒锅烧热，加植物油，七八成热时用葱花、姜末爆香，放入南瓜片、莴笋片、木耳、油菜，加精盐、料酒翻炒均匀即可。

语言胎教：朗诵《偶成》

《偶成》
戴望舒

生命永远等待春天，
春天不会让所有的洁白融化，
僵硬的凝冰可能永远不会解冻，
可凝冰永远拥有春天，
湛蓝的天空，冷峻的雪峰。

好东西不会都永远存在，
相信我吧，
失去的是雪，
我永远拥有水。
冬天来了，
我的拥有没有少，
春天来了，
我的拥有没有多。

可我长大了，成熟了，
我的拥有多了，
那毕竟是自然的一部分，
自然长大的一部分，
其实，自己应该拥有的你一生都
不会完全拥有，
顺其自然吧，
不能每秒都测量自己的身高，
不能每天都娇艳欲滴。

美学胎教：名画欣赏《西斯廷圣母》

画中最美的一瞬间

拉斐尔的画对美丽与神圣、爱慕与敬仰都描画得恰到好处，使人获得一种纯洁、高尚的精神享受。画中圣母脚踩云端，代表人间权威的统治者教皇西斯廷二世，身披华贵的教皇圣袍，取下桂冠，虔诚地欢迎圣母驾临人间。圣母的另一侧是圣女渥瓦拉，她代表着平民百姓来迎驾，她的形象妩媚动人，沉浸在深思之中。她转过头，怀着母性的仁慈俯视着小天使，仿佛同他们分享着思想的隐秘，这是拉斐尔的画中最美的一瞬间。人们忍不住追随小天使向上的目光，最终与圣母相遇，这是目光和心灵的汇合。

来自圣母的祝福

从天而降的圣母出现在我们的面前，初看丝毫不觉其动，但是当我们注视圣母的眼睛时，仿佛她正向你走来，她年轻美丽的面孔庄重而又平和，细看那颤动的双唇，仿佛听到圣母的祝福。趴在下方的两个小天使睁着大眼仰望圣母的降临，稚气童心跃然画上。

西斯廷圣母 / （意）拉斐尔·圣齐奥

情绪胎教：轻松面对分娩

不怕难产

大多数孕妈妈对分娩无经验、无知识，对宫缩、见红、破膜感到害怕、紧张，不知所措。怕痛、怕出血、怕胎儿出现意外状况。是顺产还是难产，一般取决于产力、产道和胎儿自身3个因素。对后两个因素，一般产前都能作出判断，如果有异常发生，肯定会在产前决定是否进行剖宫产。所以，只要产力正常，自然分娩的希望很大。如果每天担心自己会难产，势必会造成很大的心理负担，正确的态度是调动自身的有利因素，积极参与分娩，即使因为特殊的原因不能自然分娩，也不要情绪沮丧，还可以采取其他方式分娩。

不怕疼痛

面对即将来临的产痛，孕妈妈精神上可能会有一定压力，这主要受亲属、妈妈和姐妹的影响，或受周围环境发生的影响，如病房内其他孕妈妈的分娩经过，待产室内其他孕妈妈的嚎叫或呻吟等刺激造成。子宫收缩可能会使孕妈妈感到有些疼，但这并非不能忍受。如果出现疼痛，医生会让孕妈妈深呼吸或对孕妈妈进行按摩，减少疼痛，如果实在不行，还可以用安定等药物来镇痛。

远离产前焦虑

临产前焦急与等待、期盼与担心，矛盾交织，很多孕妈妈既渴望早一天见到宝宝，又会为分娩时宝宝或自己是否受到伤害而担心，过度的焦虑与担心会影响孕妈妈的睡眠与休息，引发妊娠高血压综合征，会增加分娩的困难，甚至导致难产。这些不良的心理状况需要与产科医生、心理医生及时沟通，得到丈夫及家人的关爱也是保持孕妈妈良好精神状态的重要支柱。

其实，宝宝的出生不仅是对宝宝的一次历险，更是对将为人母的你的巨大考验。毕竟对于第一次将做母亲的你来说，分娩是一件令人感到恐惧紧张的事。但妈妈对宝宝爱的天性会让你承受住一切痛苦。

本周重要提示

✦ 减少产前运动 ✦

在孕36周后严禁性生活，性生活易引发宫腔感染和胎膜早破。这个时候子宫已过度膨胀，宫腔内压力已较高，子宫口开始渐渐变短，孕妈妈负担也在加重，如水肿、静脉曲张、心慌、胸闷等。此时，应减少运动量，以休息和散步为主，孕妈妈时刻准备着一朝分娩的到来。这段时间可以经常散散步，或者进行一些适合于自然分娩的辅助体操。

第三十九周：胎儿安静下来

孕妈妈 感觉到腹部的隆起要撑不住了。
胎　长 53厘米左右。
胎　重 3.4千克左右。

胎儿和孕妈妈的变化

排出黑色胎便

胎儿准备出生的时候，大部分胎毛已经褪去。他将胎毛连同其他分泌物吞进去，储存在肠道中。这将刺激胎儿的肠蠕动，排出称为胎粪的黑色大便。

关节韧带变得松弛

孕妈妈的腹部在逐渐增大，子宫底的高度为30～32厘米。由于胎头下降，孕妈妈全身关节和韧带变得松弛，腹部经常阵发性地变硬、变紧。

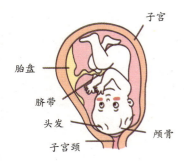

子宫
胎盘
脐带
头发
颅骨
子宫颈

营养胎教：分娩的当天怎么吃

本周营养重点

重点补充

蛋白质　碳水化合物

适量补充

脂肪　综合维生素　矿物质

饮食要清淡、稀软

分娩当天的饮食应稀、软、清淡，以补充水分，易消化为主。可以先喝一些热牛奶、粥等。牛奶不仅可以补充水分，还可以补充孕妈妈特别需要的钙。粥类甜香可口，有益于脾胃，孕妈妈这天不妨多喝一些。

> **· 小贴士 ·**
>
> 这个时期是孕妈妈最不适宜减肥的时期，因为即将生产，很多孕妈妈难免因情绪上的波动而影响食欲，此时家人要通过安慰和鼓励的方式帮助孕妈妈减轻心理压力，同时提供可口的食物，以便孕妈妈能正常地摄取营养。

分娩当天不能敷衍了事

临产之时，准妈妈要有足够的能量供给，才能保障分娩顺利。以下这些食物，会对分娩有所帮助。

哪些食物适宜临产的准妈妈	
巧克力	享有"助产大力士"的美誉。在分娩时，巧克力可助准妈妈一臂之力
红糖水	在第二产程时，准妈妈会消耗很多能量，而食用红糖水可补充体力
牛奶	准妈妈在分娩期间喝点牛奶，可补充能量
藕粉	含有大量的淀粉，可在人体内转变为糖，为准妈妈提供能量苋菜粥具有清热、滑胎的功效，可帮助准妈妈顺利分娩
空心菜粥	准妈妈在临产时食用，可滑胎易产
坚果	如花生、核桃、松子等，富含脂肪和蛋白质，对顺利分娩非常有益

一周美味食谱

凉拌木耳黄瓜

木耳200克，黄瓜1/2根，葱、蒜蓉、花椒、大料各适量，白糖、精盐、鸡精、醋、植物油少许。

1. 将木耳用温水泡发后洗净，撕成小朵；黄瓜、胡萝卜切成菱形片。
2. 锅中加水，烧开后滴几滴油，分别放入胡萝卜、木耳焯熟，捞出放凉。
3. 油锅加少许油，放入花椒、大料、葱段炸出香味，放凉。
4. 将木耳、黄瓜、胡萝卜放入盘中，加蒜蓉、白糖、精盐、鸡精、醋和炸好的油拌匀即可。

蔬菜沙拉

卷心菜200克，番茄80克，黄瓜60克，青椒30克，白皮洋葱30克，植物油、精盐、柠檬汁、蜂蜜各适量。

1 把所有材料洗净，卷心菜、番茄切片，青椒、洋葱切成环形片。

2 把切好的材料拌匀，放在盘子里。

3 把植物油、精盐、柠檬汁、蜂蜜混合，搅拌均匀，淋在蔬菜上即可。

蚝油牛肉

口蘑150克，牛肉200克，胡萝卜半根，蚝油2小匙，酱油2小匙，料酒1小匙，姜丝、香油各少许，高汤、淀粉各适量，植物油2大匙。

1 口蘑洗净，切片；胡萝卜洗净，切丝；牛肉切细丝，加少许酱油与淀粉拌匀上浆。

2 炒锅烧热，加植物油，三成热时放入牛肉丝炒散，捞出沥油；锅中下入姜丝爆香，再下入胡萝卜丝、口蘑片，然后放入牛肉丝、高汤、蚝油、酱油、料酒翻炒，出锅前勾芡后淋入香油即可。

语言胎教：朗诵冰心的诗

冰心原名谢婉莹，笔名冰心。取"一片冰心在玉壶"为意。是我国著名的诗人、作家、翻译家、儿童文学家。冰心的名言是"有了爱就有了一切"。她热爱生活，热爱美好的事物。她的纯真、善良、刚毅、勇敢和正直，使她在海内外读者中享有崇高的威望。她的作品大多也承载着"爱"。

《父亲》
冰心

朦胧时候，
父亲，
是一座大山，
坐在他肩头，
总能看得很远、很远。
懂事时，
父亲，
是一棵倔强的弯松，
这才发现，
我的分量是这样重、这样重。
而现在，
父亲啊！
你是一首深沉的诗，
儿子默默的读，
泪轻轻的流。

《纸船》——寄母亲
冰心

我从不肯妄弃了一张纸，
总是留着，留着，
叠成一只一只很小的船儿，
从舟上抛下在海里。
有的被天风吹卷到舟中的窗里，
有的被海浪打湿，沾在船头上。
我仍是不灰心的每天的叠着，
总希望有一只能流到我要他到的地方。
母亲，倘若你梦中看见，
一只很小的白船儿，
不要惊讶它无端入梦。
这是你至爱的女儿含着泪叠的，
万水千山，
求它载着她的爱和悲哀归来！

美学胎教：欣赏齐白石的《虾》

齐白石画的虾，体现了高度的笔墨技巧，在表现了水墨、宣纸的独特性能外，又将虾的质感表现得淋漓尽致，齐白石画的虾也是白石笔下最生动的作品之一。

虾／齐白石

情绪胎教：分娩是一种幸福的痛

《分娩》

分娩，使生命走向辉煌，
做母亲，让女人完整。
痛苦与幸福同时存在，
降生的那一刻就注定，
一切成果一头系在幸福，
另一头系在痛苦，
——撕心裂肺的痛苦。
划破产房里一丝丝的血腥，
我听见了，从久远的年代传来，
那是一种裂帛的惨叫。
伴随着电闪雷鸣，凄风苦雨，
每一个稚嫩的生命，
都降生在母亲无助的痛苦之中。

有了母亲，出世的那一刻，
每一个幼小脆弱的生命，
不会躺在泥水里，也不会匍匐冰天雪地。
母亲会把儿女揽在怀里，
尽管母亲还在流血，还在痛苦中挣扎……
懵懂的小生命会以笑靥报答母亲，
尽管还不谙世事，也分辨不清赤橙黄绿青蓝紫。
他的梦里却已经有了颜色，
母亲，是橘黄色的温情，粉红色的呓语。
尽管人类从蒙昧的时代走来，
分娩却还例行着亘古不变的过程。
不管是顺产还是难产，母亲要承受一切，
体会着那种幸福的痛……

本周重要提示

⭐ 警惕分娩信号 ⭐

分娩信号	
阵痛	胎儿要出生的时候，肌肉、阴道和会阴处等软产道被拉伸，能够感觉组织和皮肤被拉伸的疼痛
见红	因为子宫收缩，胎儿的头开始下坠入盆，胎膜和子宫壁逐渐分离摩擦就会引起血管破裂而出血，这就是俗称的见红。通常是粉红色或褐色的黏稠液体，或是分泌物中的血丝
破水	破水是指羊膜破裂，羊水流出的现象。正常的生产是在子宫口开大的过程中或子宫口开全、胎儿进入产道时才会开始破水

第四十周：终于要见面了

孕妈妈 焦急地等待分娩。
胎 长 53厘米左右。
胎 重 3.5千克左右。

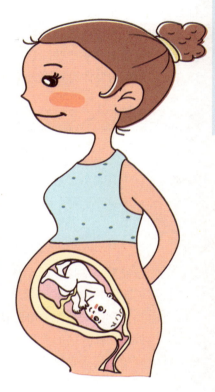

胎儿和孕妈妈的变化

胎动消失了

在这段时期孕妈妈可能感觉不到胎儿的活动。脐带长约51厘米，与胎儿从头到脚的长度差不多。

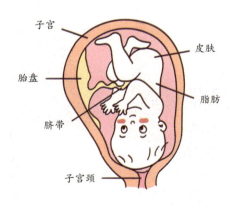

子宫
皮肤
胎盘
脂肪
脐带
子宫颈

开始真正的阵痛

腹部感到针刺似的疼痛，这种疼痛以30分钟或1小时为间隔持续发生，那么这时就可以认定阵痛开始。阵痛的时间间隔因人而异。一旦阵痛间隔时间小于30分钟，不要慌张，沉着地做好住院准备。

营养胎教：产褥期新妈妈应该这样吃

本周营养重点

重点补充			适量补充
蛋白质	钙	铁	综合维生素

待产时少食多餐

初产妇的平均产程为12小时,少数产妇的总产程可达到16~20小时。因此,孕妈妈在待产过程中既不能过于饥渴,也不能暴饮暴食,应少量多次进食,吃高热量易消化的食物,并注意摄入足够的水分,以保证有充沛的精力及体力在胎儿娩出过程中用力。

营养情况自测			
宫高满40周	下限30厘米	上限34厘米	标准32厘米
腹围满40周	下限89厘米	上限100厘米	标准94厘米

开始为产后哺乳做准备

到了孕晚期用,打算母乳喂养的准妈妈就要开始为产后哺乳而储备营养。

要避免食用影响乳汁分泌的食物,以免破坏哺乳效果。能抑制乳汁分泌的食物有:韭菜、麦芽、人参等。此时应适当吃些牛奶、羊奶、蛋、鱼、肉等动物性蛋白质或大豆及其制品。

促进乳汁分泌的食物	
丝瓜络	单纯将丝瓜煨汤是达不到催乳的效果的。把丝瓜络和肉汤炖煮,才可以起到催奶的作用
花生	花生可用于缓解脾虚反胃、水肿、妇女白带、贫血及各种出血症及肺燥咳嗽、干咳久咳、产后催奶等病症
莴笋	莴笋有很好的催奶功效,准妈妈可以用莴笋烧猪蹄,这种食法不仅减少油腻,清香可口,而且比单用猪蹄催乳效果更佳

美学胎教:名画欣赏《亲吻》

不再猜测,不再胡思乱想,就要和他见面了……不要过分期待,也不要过分焦虑,不要把分娩看做是很困难的事情,这是一位母亲必然要接受的历练。在感到焦虑的时候,欣赏一幅名画,心绪也许会得到平静。静静地等待着他的第一声啼哭……

亲吻/(法) 阿道夫·威廉·布格罗

语言胎教：思念

《静夜思》
（唐）李白

床前明月光，
疑是地上霜。
举头望明月，
低头思故乡。

《鹊桥仙》
（北宋）秦观

纤云弄巧，
飞星传恨，
银汉迢迢暗度。
金风玉露一相逢，
便胜却、人间无数。
柔情似水，佳期如梦，
忍顾鹊桥归路。
两情若是久长时，
又岂在、朝朝暮暮！

《三五七言》
（唐）李白

秋风清，秋月明，
落叶聚还散，
寒鸦栖复惊，
相思相见知何日，
此时此夜难为情。
入我相思门，
知我相思苦，
长相思分长相忆，
短相思分无穷极，
早知如此绊人心，
还如当初不相识。

《相思》
（唐）王维

红豆生南国，
春来发几枝。
劝君多采撷，
此物最相思。

《无题》
（唐）李商隐

昨夜星辰昨夜风，
画楼西畔桂堂东。
身无彩凤双飞翼，
心有灵犀一点通。
隔座送钩春酒暖，
分曹射覆蜡灯红。
嗟余听鼓应官去，
走马兰台类转蓬。

宝宝，我想对你说

　　亲爱的孕妈妈，你腹中的胎儿虽然还未来到世界上，但你肯定做了很多梦，对他的未来幻想了一遍又一遍，你一定对他有许多的期待，那就把你对胎儿所有的期待写在这里，作为你送给他的第一份人生礼物。写出你的心声，让你浓浓的母爱洒在字里行间，浇灌你即将出世的宝宝，让他快乐成长……

本周重要提示

以前不常听说的分娩用语，如果在分娩的过程中突然听到医生说，孕妇会不明白，所以在这里事先讲解一下，让孕妈妈有心理准备。

会阴侧切

会阴部要裂伤或者胎儿的情况变坏的时候，应尽早产出胎儿，这时用剪刀将会阴部切开，进行局部麻醉，产后缝合。

人工破膜

临近分娩，子宫口将要打开的时候，包裹胎儿的羊膜破裂，羊水流出。这时如不能自然破水，医生会用小镊子弄破羊膜，这叫人工破水。

过度换气综合征

过度换气症候群，引起身体内的氧气量增加，会导致头脑发木、手脚发麻，容易引起急促呼吸。

胎儿头盆不称

通过X射线检查发现，与妈妈骨盘内侧（骨产道）的直径相比，胎儿的头偏大，不能通过产道。这种情况需要进行剖宫产。

恶露

产后包裹胎儿的羊膜和子宫内膜在分娩时出的血和残留物一起出来。产后当天还会有大量的血流出，之后减少，颜色由茶褐色变为黄色，最后变为白色，一个月后复诊就会没有了。

脐带脱垂

逆位儿破水的时候，脐带比胎儿先出来。胎儿的身体压迫着脐带，为了给胎儿输送氧气，让胎儿早出生，医生可能会决定采用剖宫产手术。

骨产道

软产道（子宫颈管，阴道部分）和骨产道一起被称为产道。骨产道因为有骨头，在分娩的时候不易扩张。根据骨盆的形状、内径的宽广、胎儿头的大小，来判断是否需要剖宫产。

新书推荐
Xinshu Tuijian

《40周同步胎教方案》

40周的成长、40周的惊喜、40周丰富的胎教内容，
和肚子里的小家伙共同体验一次快乐的孕育之旅。

《40周怀孕全程指导》

按月份为准妈妈提供全程监测和指导，
可以根据自己的情况进行对照查看，轻松快乐度40周过孕期。

《孕产妈妈营养方案》

从待孕到产后的饮食营养，细致地介绍了孕妈妈
每一餐需要怎样吃，胎儿才能健康成长。

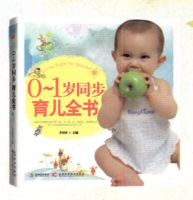

《0~1岁同步育儿全书》

详细分步图解式地介绍了抱、洗、喂、哄、换尿布、游戏等方法
新手父母照图操作就可以轻松上手！